Babette Ulmer

Niedliche Bonnets & Zwergenmützen häkeln

CV

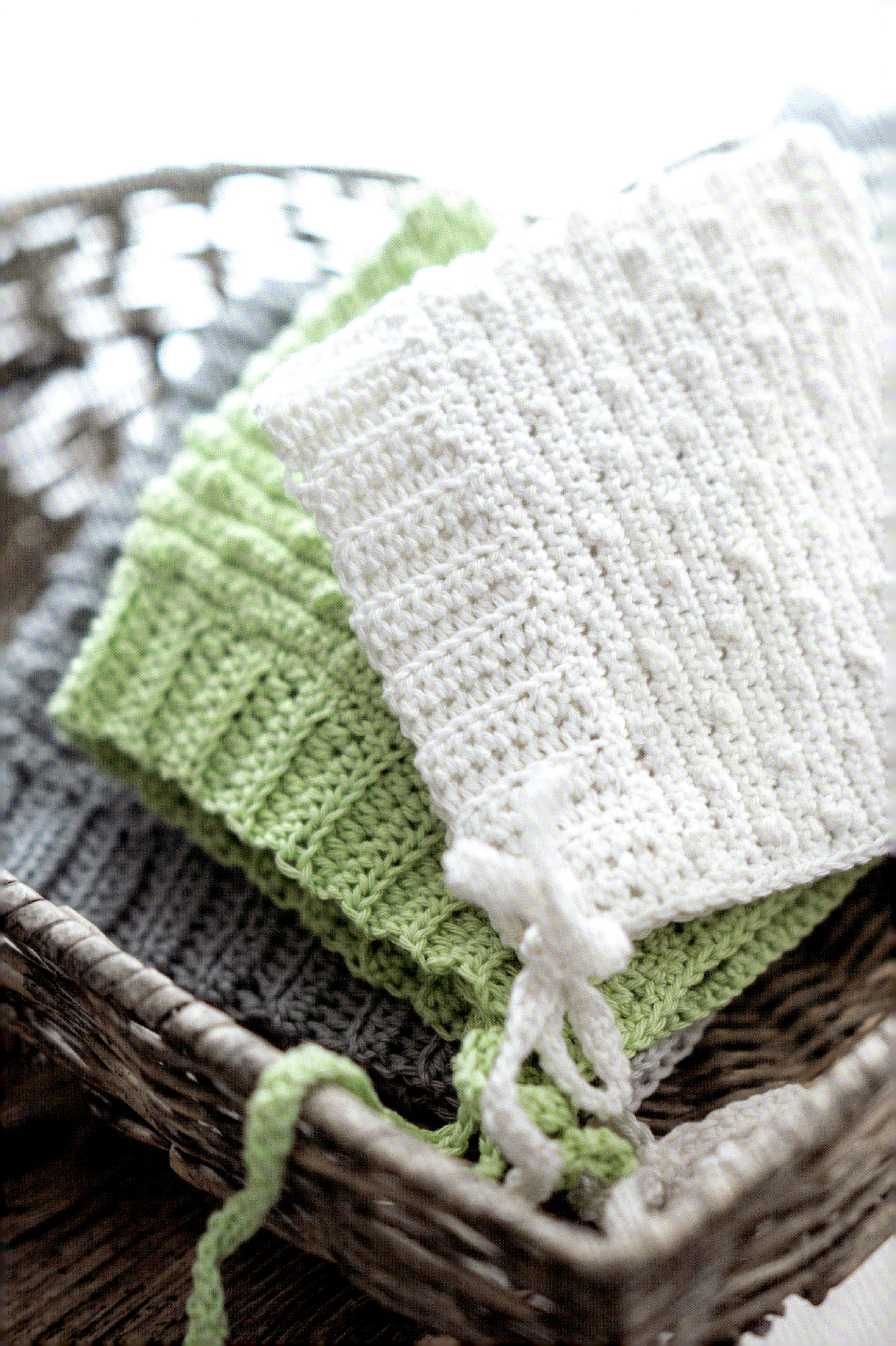

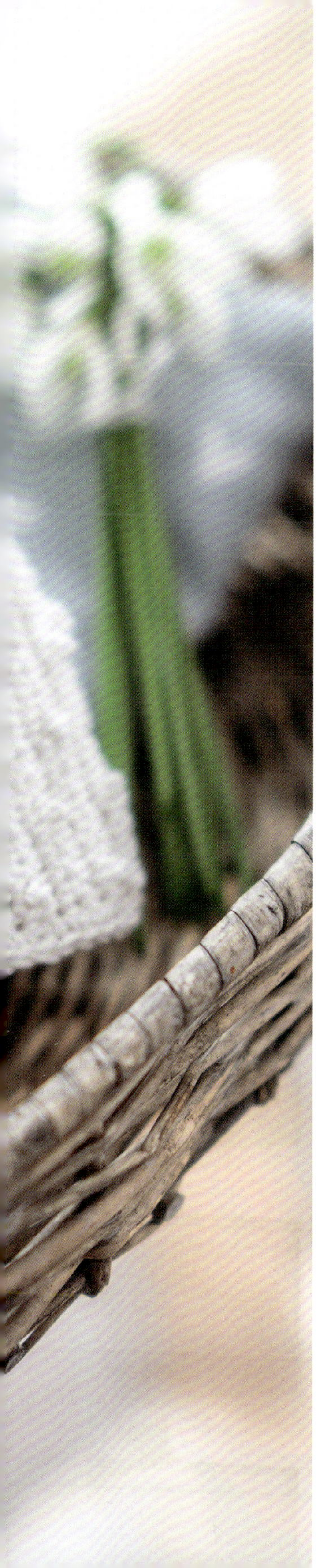

Inhalt

Skandinavisch gehäkelt

Jede Mama weiß: Von Mützen für den süßen Nachwuchs kann man nie genug haben! Und wenn sie dann noch so niedlich im Skandi-Style daherkommen, erst recht nicht. Daher habe ich für dieses Buch eine Auswahl an wunderschönen Bonnets und Zwergenmützen kreiert – von schlicht bis verspielt finden Sie hier mit Sicherheit die richtige Kopfbedeckung für Ihren Liebling. Ob mit Bommel oder Zipfel, mit hübschem Rüschenrand, coolem Schild, schlicht oder mit zauberhaftem Muster: Diese Häkelmützen werden Mamas und Kinder gleichermaßen lieben.

Die Anleitungen sind verständlich formuliert und in einem Grundkurs können Sie zum Beispiel nachlesen, wie Maschen zusammengehäkelt oder abgekettet werden. Anhand der Schwierigkeitsgrade finden Handarbeitsanfänger und Profis für Sie geeignete Projekte. Also ran an die Häkelnadel und viel Freude beim Häkeln dieser einzigartigen Modelle!

Babette Ulmer

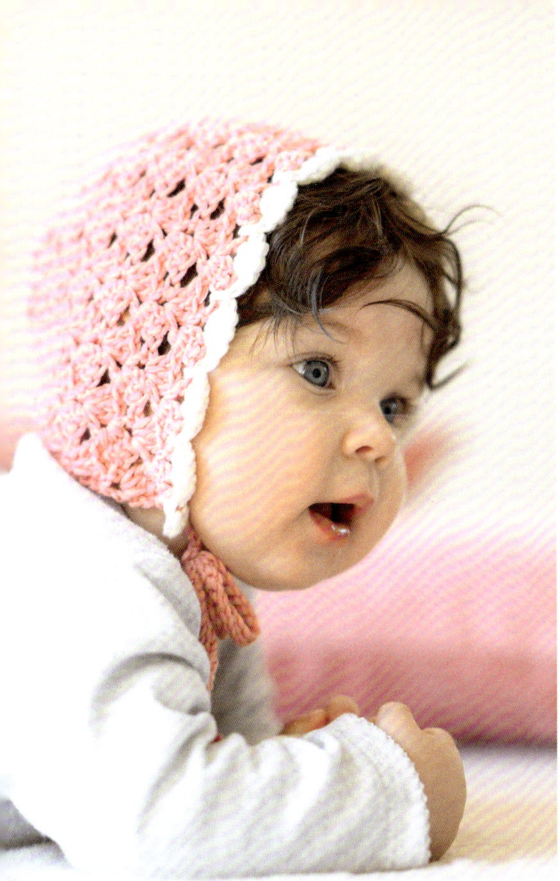
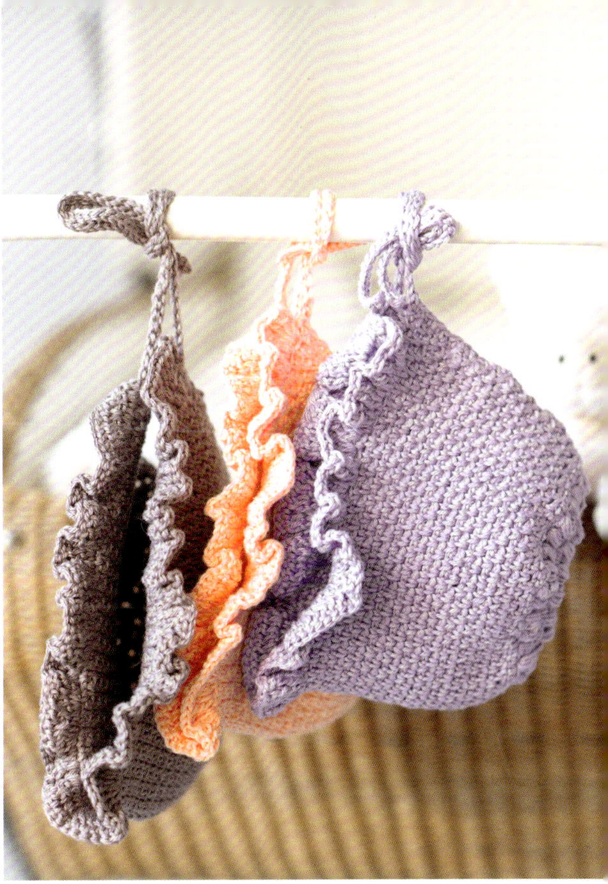
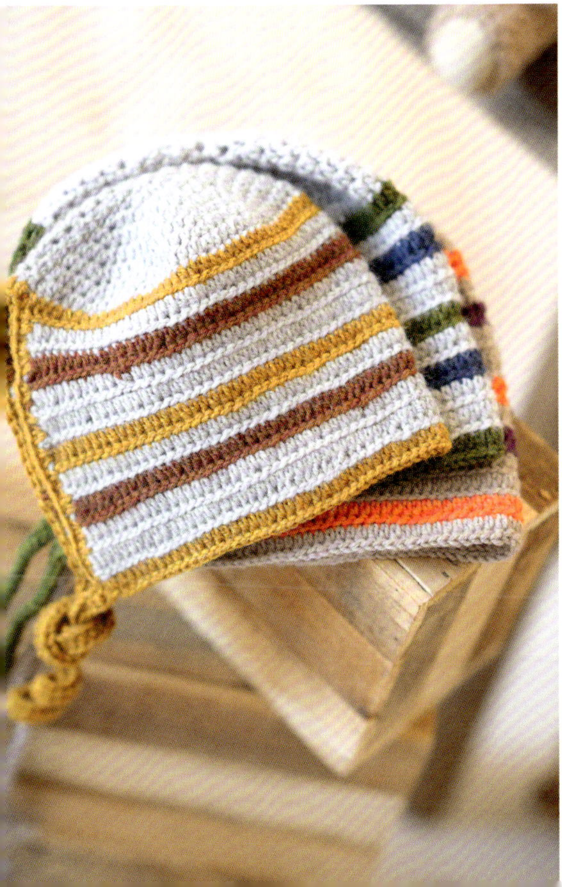
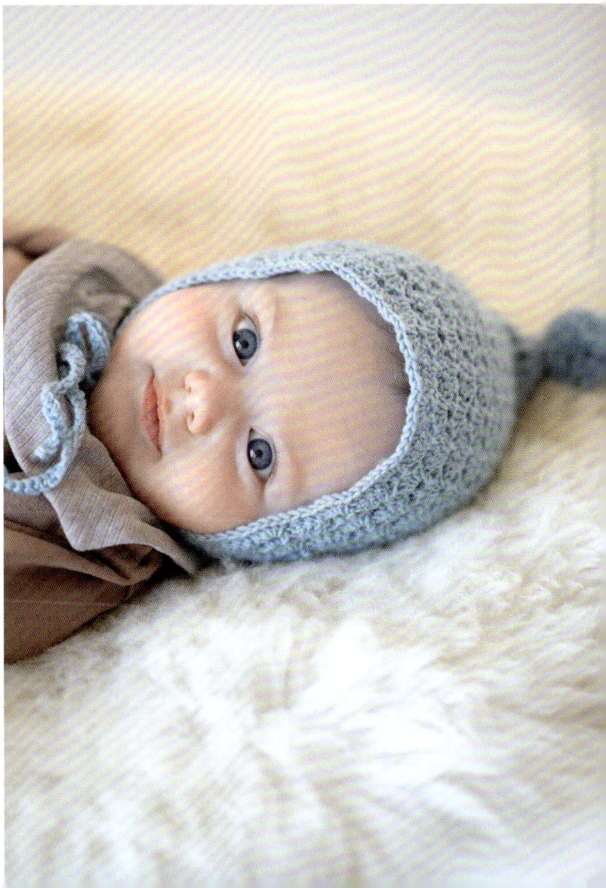

Malin

Schwierigkeitsgrad: einfach

Größe: 50/56, 62/68 und 74/80
Die Angaben für die größere Größe stehen hintereinander in Klammern. Steht nur eine Angabe, so gilt diese für alle Größen.

Material:

- Sensitiva (100 % Schurwolle, LL = 185 m/50 g) von Schulana: pro Mütze je 50 g Pancake (Fb 34), Himbeere (Fb 23) oder Military (Fb 33) von Schulana; Häkelnadel 3 mm.

Muster:

Stäbchen in Reihen: Jede Reihe mit 3 Luftmaschen als Ersatz für das 1. Stäbchen beginnen.

Maschenprobe:

24 Stäbchen und 13 Reihen = 10 cm x 10 cm.

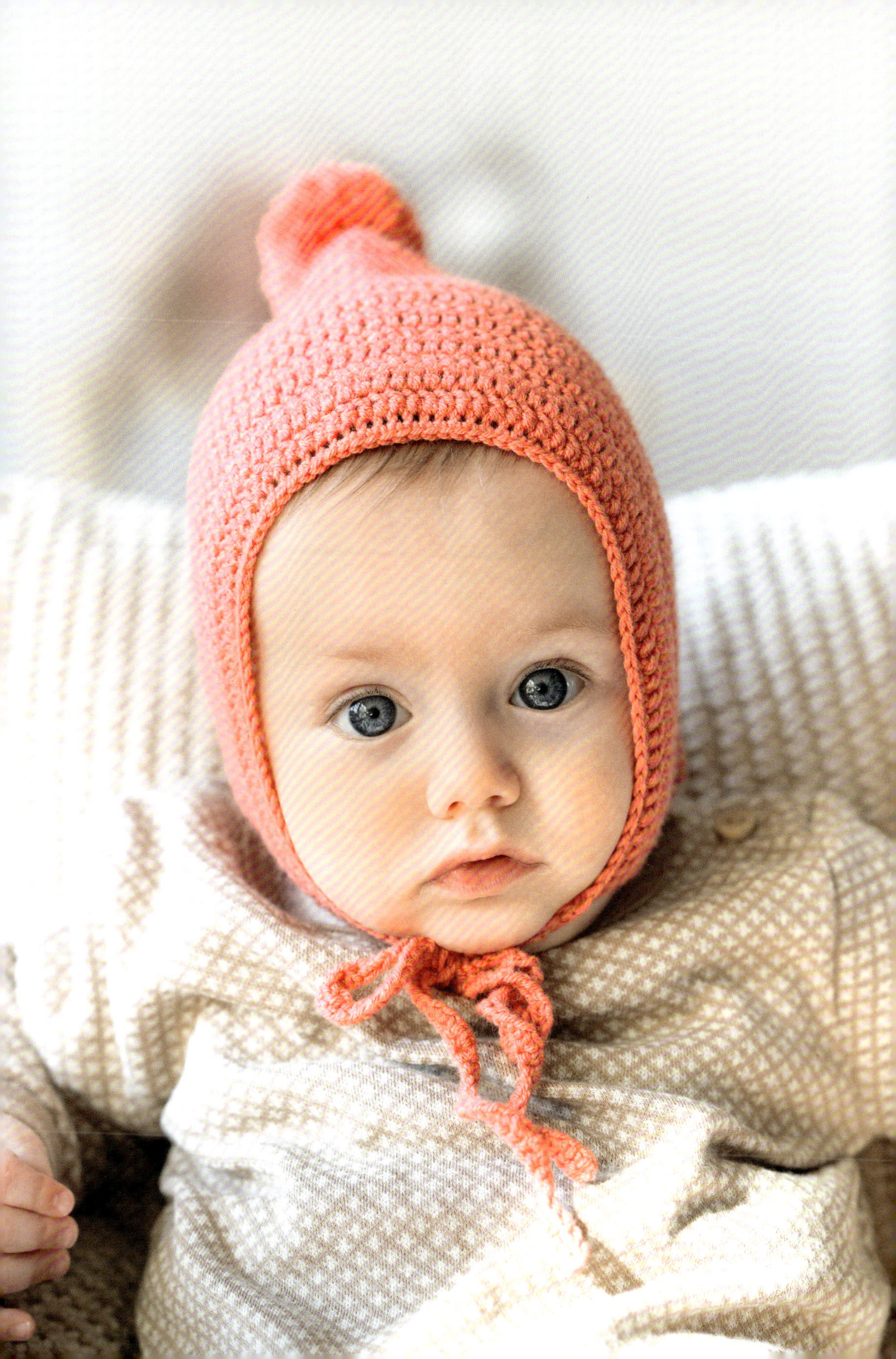

Malin

So wird's gemacht:

68 (72/76) Luftmaschen + 3 Wende-Luftmaschen (= 1. Stäbchen der 1. Reihe) in der jeweiligen Farbe anschlagen und Stäbchen häkeln. Nach 14 (15/16) cm = 18 (20/21) Reihen ab Anschlag die Arbeit beenden.

Fertigstellung: Die obere Naht schließen. Für die Bänder in die rechte Ecke des Anschlags in der jeweiligen Farbe anschlingen und eine 20 (22/24) cm lange Luftmaschenkette anschlagen, die Arbeit wenden und in diese Luftmaschenkette feste Maschen häkeln. Dann die Anschlags-Luftmaschen der Mütze mit festen Maschen umhäkeln und anschließend für das 2. Band wieder eine 20 (22/24) cm lange Luftmaschenkette anschlagen, die Arbeit wenden und in diese Luftmaschenkette feste Maschen häkeln. Mit 1 Kettmasche in die Anschlag-Reihe enden. Dann die Arbeit beenden. Einen Pompon mit ca. 5 cm Durchmesser in der jeweiligen Farbe anfertigen und an der Mützenspitze anbringen.

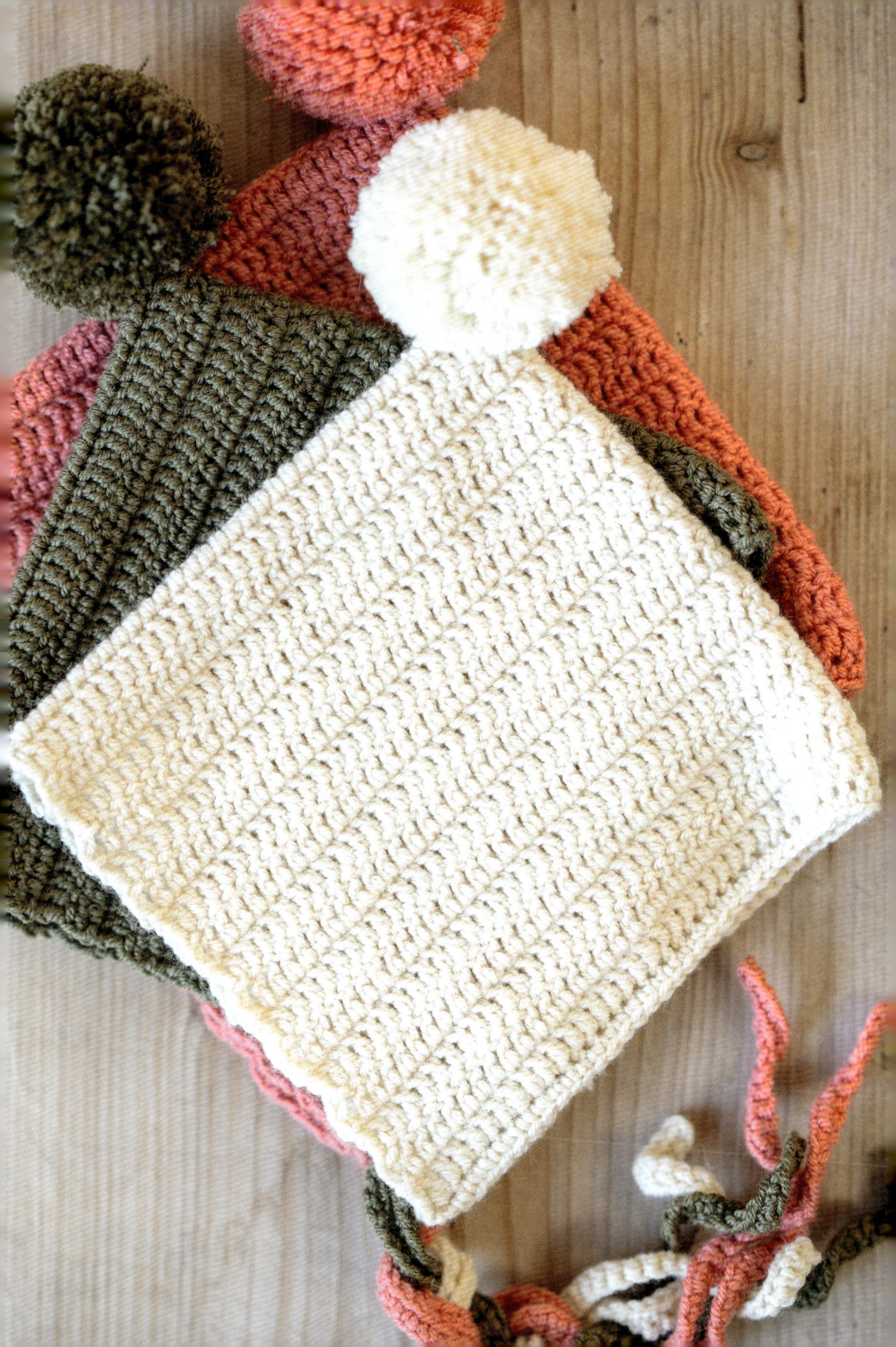

Siv

Schwierigkeitsgrad: mittel

Größe: 50/56, 68/74 und 86/92
Die Angaben für die größere Größe stehen hintereinander in Klammern. Steht nur eine Angabe, so gilt diese für alle Größen.

Material:

- Woll Butt Alisa (60 % Schurwolle, 40 % Polyacryl, LL = 225 m/50 g) von Buttinette: pro Mütze je 50 g Altrosa (Fb 129.24) und Weiß (Fb 224.64) oder 50 g Marine (Fb 286.99) und Flanell (Fb 129.25) oder 50 g Petrol (Fb 232.57) und Senf (Fb 254.13); Häkelnadel 3 mm; 50 (60/70) cm farblich passendes Satinband, 1 cm breit.

Muster:

Stäbchen in Reihen: Stäbchen häkeln, dabei jede Runde mit 3 Luftmaschen als Ersatz für das 1. Stäbchen beginnen und mit 1 Kettmasche in die oberste Ersatz-Luftmasche zur Runde schließen.

Muschelmuster: Maschenzahl teilbar durch 10 + 1.
Laut Häkelschrift arbeiten. Mit den Maschen vor dem rechten Pfeil beginnen, den Rapport von 10 Maschen zwischen den Pfeilen stets wiederholen und mit den Maschen nach dem linken Pfeil enden.
1x die 1. – 3. Reihe arbeiten, dann die 2. und 3. Reihe stets wiederholen.

Farbfolge:

Blau-graue Mütze: 2 Reihen Flanell, 2 Reihen Marine im Wechsel arbeiten.
Rosa-weiße Mütze: 2 Reihen Weiß, 2 Reihen Altrosa im Wechsel arbeiten.
Petrol-senffarbene Mütze: 2 Reihen Senf, 2 Reihen Petrol im Wechsel arbeiten.

Maschenproben:

Stäbchen: 26 Maschen und 14 Runden = 10 cm x 10 cm.
Muschelmuster: 27 Maschen und 9,5 Reihen = 10 cm x 10 cm.

So wird's gemacht:

Um einen verstellbaren Fadenring in Altrosa, Marine oder Petrol 15 Stäbchen häkeln und mit 1 Kettmasche in das 1. Stäbchen zur Runde schließen.
1. Runde: 3 Luftmasche (= 1. Stäbchen), 1 Stäbchen in die gleiche Masche, stets 2 Stäbchen in 1 Masche, mit 1 Kettmasche in die oberste Ersatz-Luftmasche zur Runde schließen = 30 Stäbchen.
2. Runde: 3 Luftmaschen, 2 Stäbchen in 1 Masche, * 1 Stäbchen, 2 Stäbchen in 1 Masche, ab * 14x arbeiten, mit 1 Kettmasche in die oberste Ersatz-Luftmasche schließen = 45 Stäbchen.

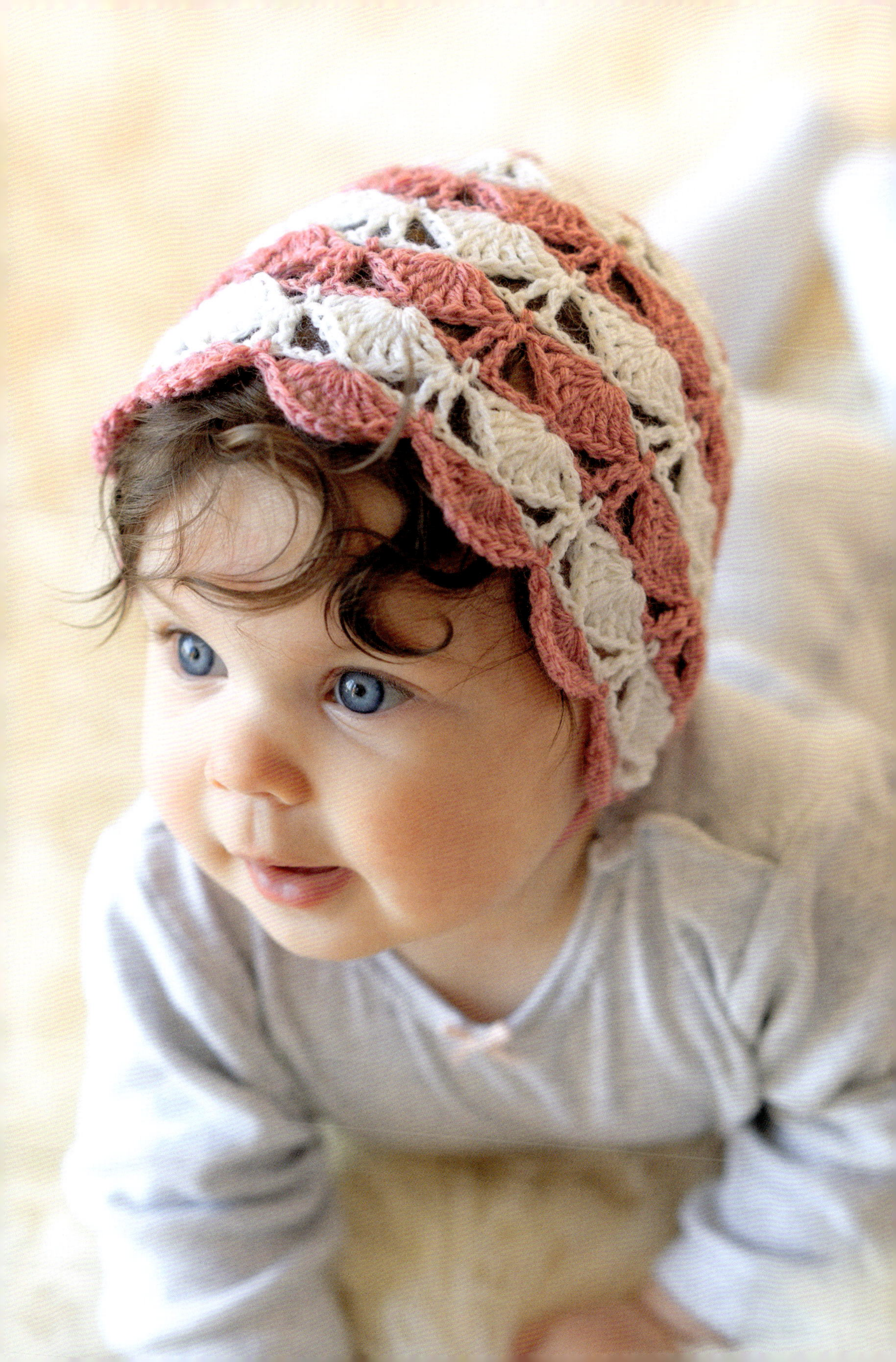

Siv

3. Runde: 3 Luftmaschen, 1 Stäbchen, 2 Stäbchen in 1 Masche, * 2 Stäbchen, 2 Stäbchen in 1 Masche, ab * 14x arbeiten, mit 1 Kettmasche in die oberste Ersatz-Luftmasche zur Runde schließen = 60 Stäbchen.

Nur für Größe 50/56:
4. Runde: 3 Luftmaschen, 29 Stäbchen, 2 Stäbchen in 1 Masche, 29 Stäbchen, mit 1 Kettmasche in die oberste Ersatz-Luftmasche zur Runde schließen = 61 Stäbchen.

Nur für Größe 68/74:
4. Runde: 3 Luftmaschen, 1 Stäbchen in die gleiche Masche, 4 Stäbchen, 2 Stäbchen in 1 Masche, * 5 Stäbchen, 2 Stäbchen in 1 Masche, ab * 9x arbeiten, mit 1 Kettmasche in die oberste Ersatz-Luftmasche zur Runde schließen = 71 Stäbchen.

Nur für Größe 86/92:
4. Runde: 3 Luftmaschen, 2 Stäbchen, 2 Stäbchen in 1 Masche, * 3 Stäbchen, 2 Stäbchen in 1 Masche, ab * 14x arbeiten, mit 1 Kettmasche in die oberste Ersatz-Luftmasche zur Runde schließen = 75 Stäbchen.
5. Runde: 3 Luftmaschen, [1 Stäbchen, 2 Stäbchen in 1 Masche] 2x, * 4 Stäbchen, 2 Stäbchen in 1 Masche, ab * 14x arbeiten, mit 1 Kettmasche in die oberste Ersatz-Luftmasche zur Runde schließen = 91 Stäbchen.

Nun für alle Größen 9 (11/11) Reihen im Muschelmuster in der Farbfolge arbeiten. Dann die Arbeit beenden.

Fertigstellung: Den unteren Mützenrand mit 1 Reihe Stäbchen in Altrosa, Marine oder Petrol umhäkeln. Das Satinband in diese Reihe einweben.

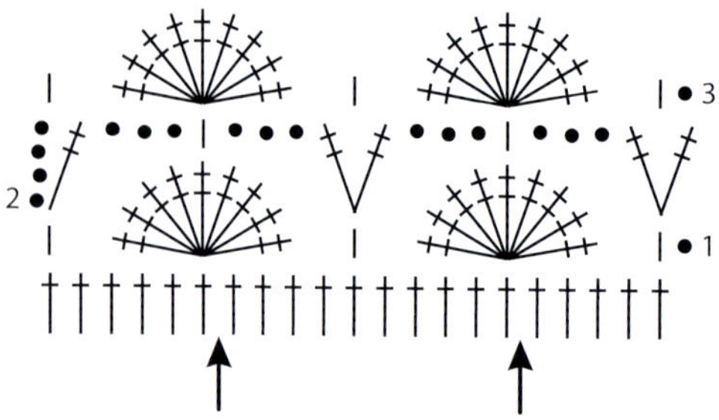

Zeichenerklärung:

● = 1 Luftmasche

| = 1 feste Masche

ǂ = 1 Doppel-Stäbchen

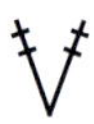 = 2 Doppel-Stäbchen in eine Einstichstelle

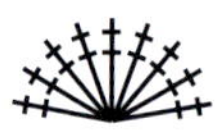 = 9 Doppel-Stäbchen in eine Einstichstelle

Laufen die Zeichen unten zusammen, werden die Maschen in dieselbe Einstichstelle gehäkelt.

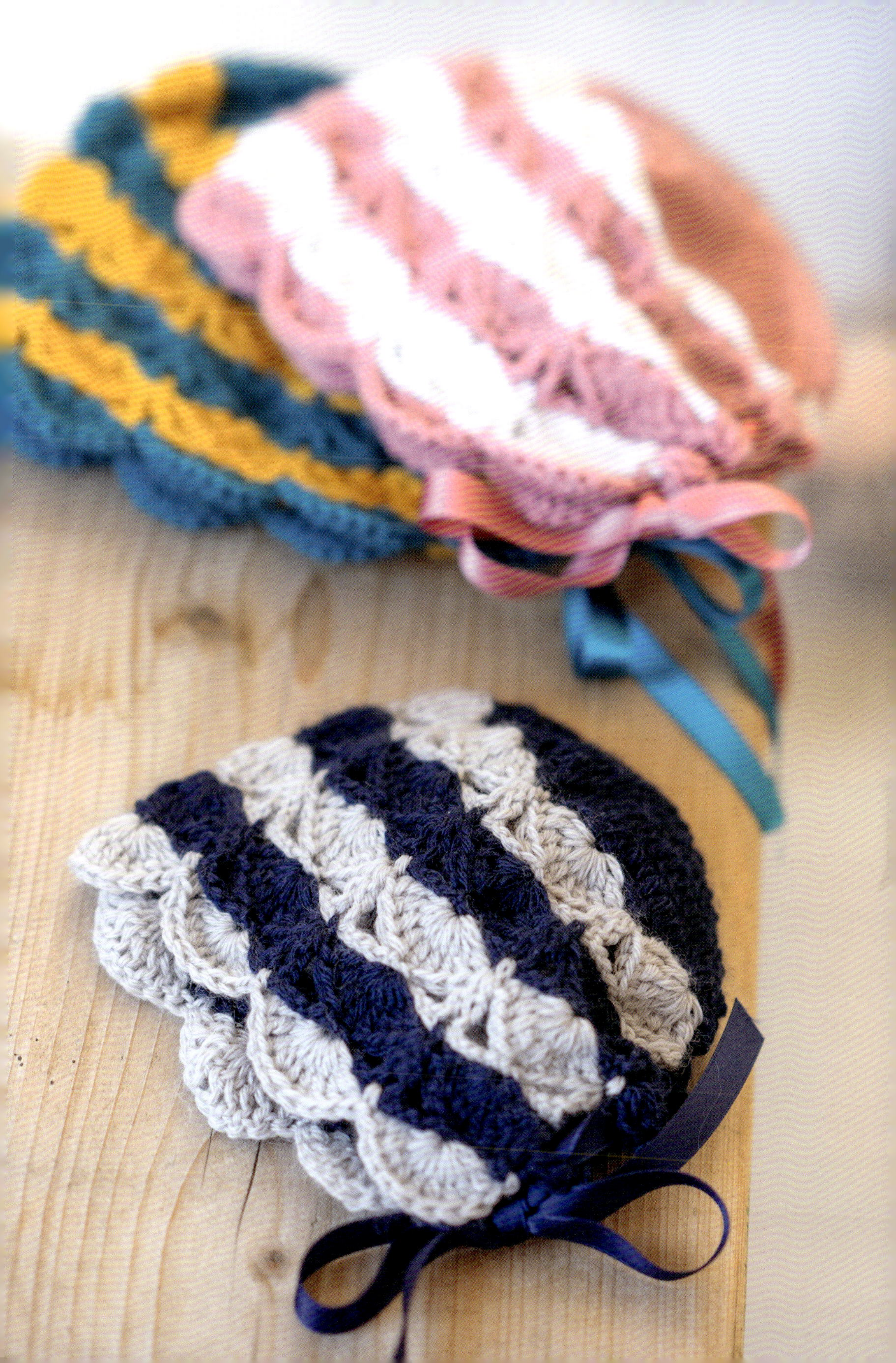

Arne

Schwierigkeitsgrad: einfach

Größe: 50/56, 62 und 68/74
Die Angaben für die größere Größe stehen hintereinander in Klammern. Steht nur eine Angabe, so gilt diese für alle Größen.

Material:

- Woll Butt Camilla (100 % Baumwolle, LL = 155 m/50 g) von Buttinette: pro Mütze je 50 g Weiß (Fb 52.354.32), Hellgrün (Fb 52.354.38) oder Grau (Fb 52.354.41); Häkelnadel 3 mm.

Muster:

Rippenmuster: 1. Reihe: 2 Luftmaschen (= 1. halbes Stäbchen), in jede Luftmasche 1 halbes Stäbchen. 2. Reihe: 2 Luftmaschen (= 1. halbes Stäbchen), in jede Masche 1 halbes Stäbchen, jedoch nur in das hintere Maschenglied einstechen.
1x die 1. und 2. Reihe arbeiten, dann die 2. Reihe stets wiederholen.

Feste Masche: Jede Reihe mit 1 Luftmasche beginnen.

Noppenmuster: Maschenzahl teilbar durch 6 + 5. Laut Häkelschrift arbeiten. Mit den Maschen vor dem rechten Pfeil beginnen, den Rapport von 6 Maschen zwischen den Pfeilen stets wiederholen und mit den M nach dem linken Pfeil enden.
1x die 1. – 6. Reihe arbeiten, dann die 3. – 6. Reihe stets wiederholen.

Maschenprobe:

Noppenmuster: 23 Maschen und 24 Reihen = 10 cm x 10 cm.

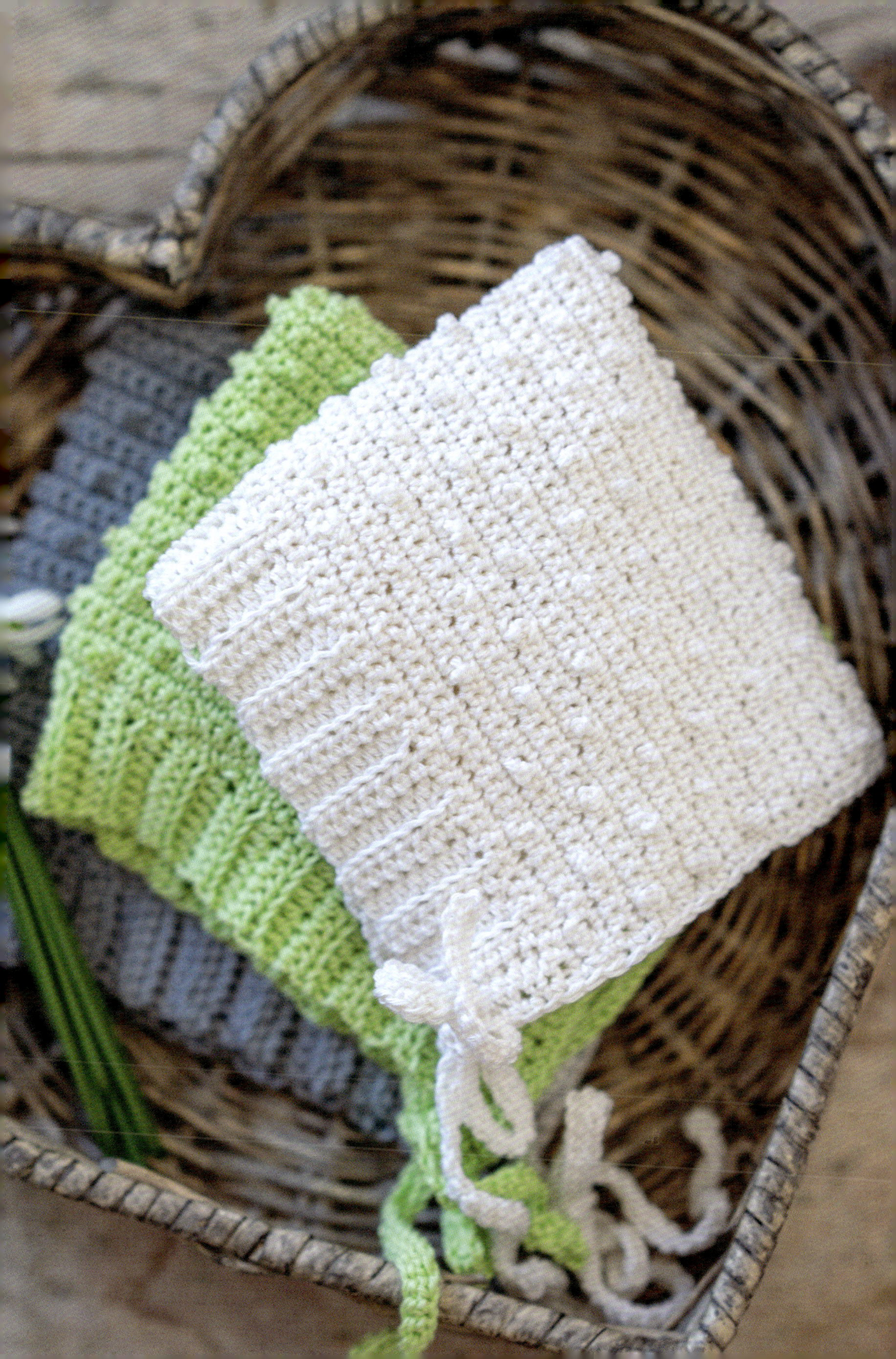

Arne

So wird's gemacht

Für das Bündchen 7 Luftmaschen + 2 Wende-Luftmaschen (= 1. halbes Stäbchen der 1. Reihe) in der jeweiligen Farbe anschlagen und für den Bund 27 (30/32) cm im Rippenmuster häkeln. Nun die Arbeit um 90 Grad drehen und über dem seitlichen Rand des Bündchens im Noppenmuster weiterarbeiten = 65 (71/77) Maschen. Nach 10 (11/13) cm = 24 (26/31) Reihen ab Bund Arbeit beenden.

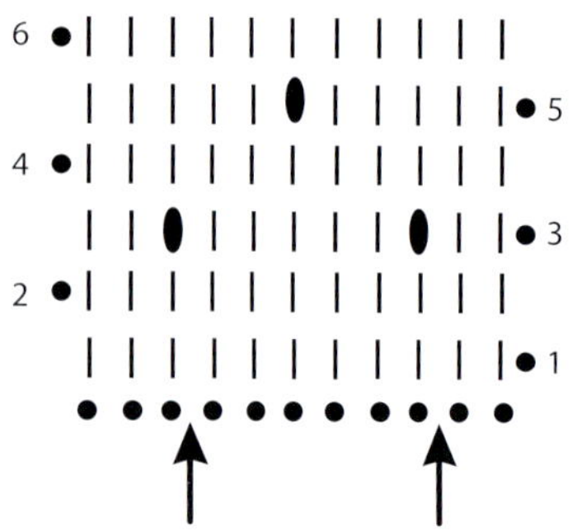

Zeichenerklärung:

● = 1 Luftmasche

| = 1 feste Masche

⬮ = 1 Noppenmasche (= in die Masche einstechen und den Faden holen = 2 Schlingen auf der Nadel, in die herausgeholte Schlinge 3 Luftmaschen arbeiten, dann beide Schlingen gemeinsam abmaschen)

Fertigstellung: Die hintere Naht schließen. Für die Bänder in der linken unteren Ecke in der jeweiligen Farbe anschlingen, dann eine 20 (22/24) cm lange Luftmaschenkette anschlagen, die Arbeit wenden und in diese Luftmaschenkette feste Maschen häkeln. Dann den unteren Mützenrand mit festen Maschen umhäkeln und anschließend für das 2. Band wieder eine 20 (22/24) cm lange Luftmaschenkette anschlagen, die Arbeit wenden und in diese Luftmaschenkette feste Maschen häkeln. Dann die Arbeit beenden.

Hinweis: Für die größte Größe reicht das Garn nicht für die Bänder, dafür einen Rest einer anderen Farbe oder insgesamt 100 g derselben Farbe nehmen.

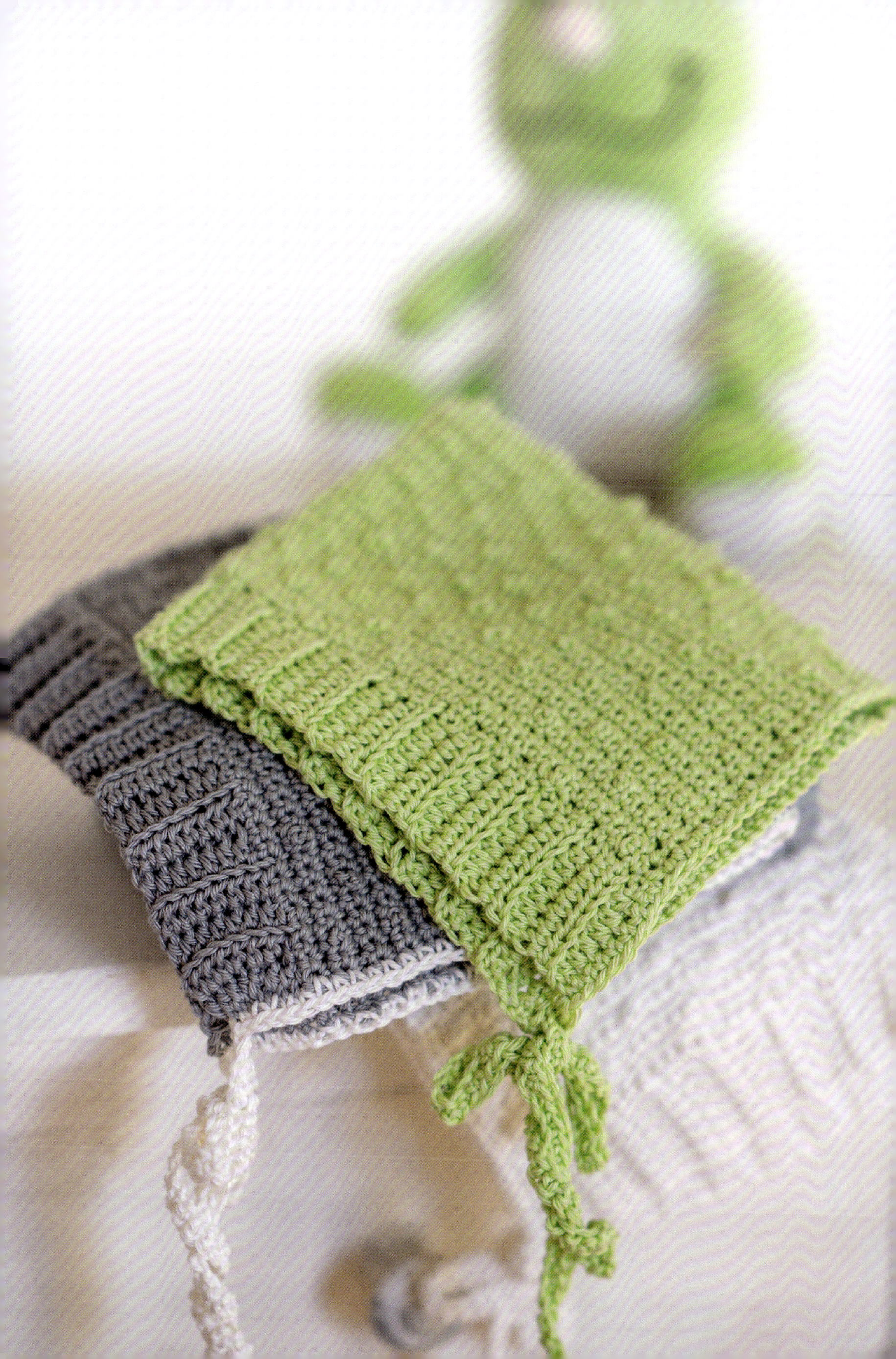

Pelle

Schwierigkeitsgrad: mittel

Größe: Neugeborene, 50/56 und 62
Die Angaben für die größere Größe stehen hintereinander in Klammern. Steht nur eine Angabe, so gilt diese für alle Größen.

Material:

- Linie 5 Corafino (60 % Schurwolle, 40 % Polyacryl, LL = 175 m/50 g) von ONline: pro Mütze je 50 g Rosé (Fb 50), Bleu (Fb 53) oder Anthrazit (Fb 42); Häkelnadel 3,5 mm.

Muster:

Muschelmuster:
Maschenzahl teilbar durch 7 + 1.
Laut Häkelschrift arbeiten. Mit den Maschen vor dem rechten Pfeil beginnen, den Rapport von 7 Maschen zwischen den Pfeilen stets wiederholen und mit den Maschen nach dem rechten Pfeil enden.
1x die 1. – 3. Reihe arbeiten, dann die 2. und 3. Reihe stets wiederholen.

Maschenprobe:

Muschelmuster: 25,5 Stäbchen und 14 Reihen = 10 cm x 10 cm.

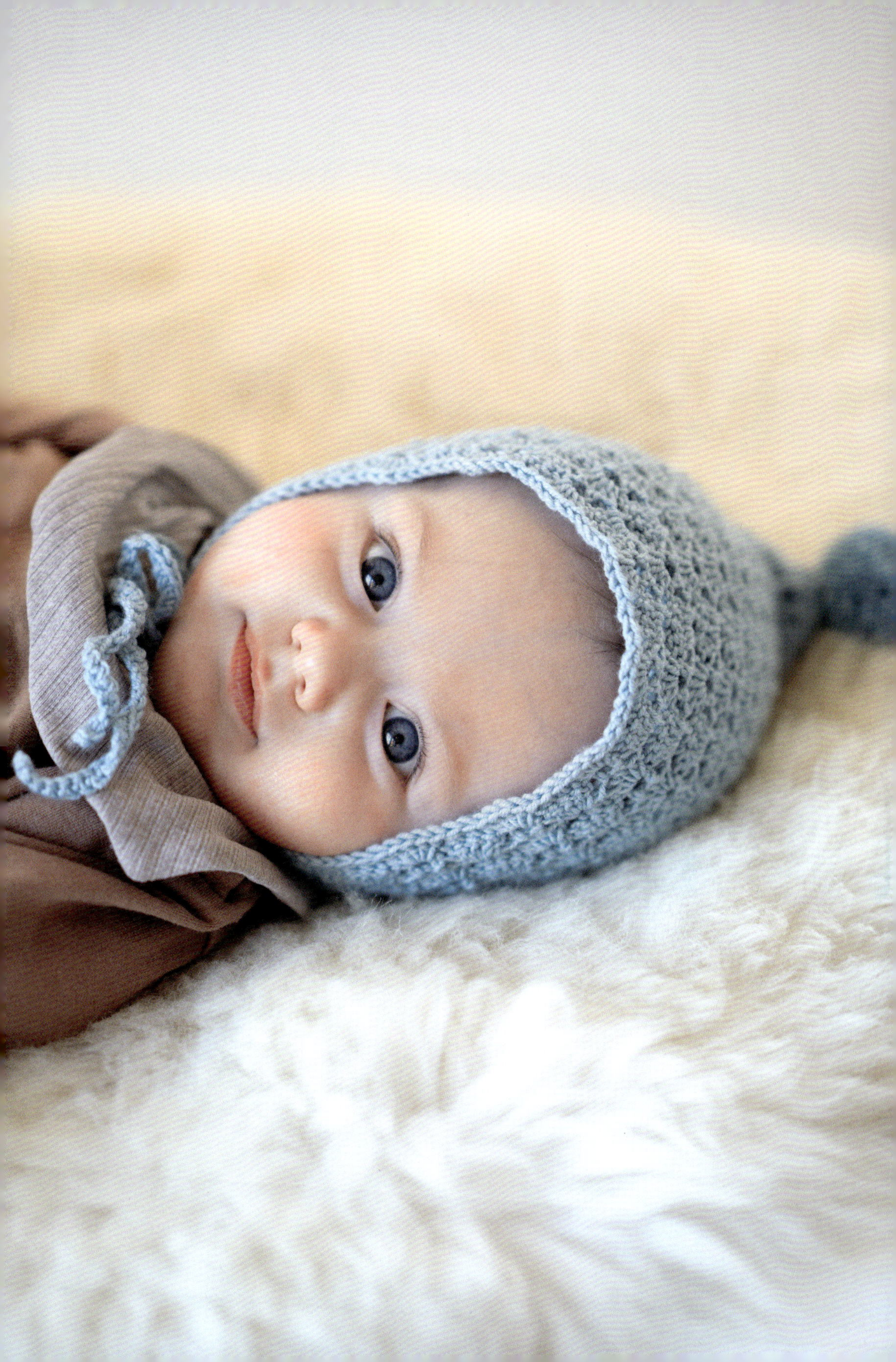

Pelle

So wird's gemacht

64 (71/78) Luftmaschen + 3 Wende-Luftmaschen (= 1. Stäbchen der 1. Reihe) in der jeweiligen Farbe anschlagen und 13 (14/15) cm = 17 (19/21) Reihen im Muschelmuster häkeln. Dann die Arbeit beenden.

Fertigstellung: Die hintere Naht im Maschenstich verbinden. Für die Bänder in die Ecken in der jeweiligen Farbe jeweils eine 20 (22/24) cm lange Luftmaschenkette anschlagen, die Arbeit wenden und in diese Luftmaschenkette feste Maschen häkeln. Einen Pompon mit ca. 3,5 cm Durchmesser in der jeweiligen Farbe anfertigen und an der Mützenspitze anbringen.

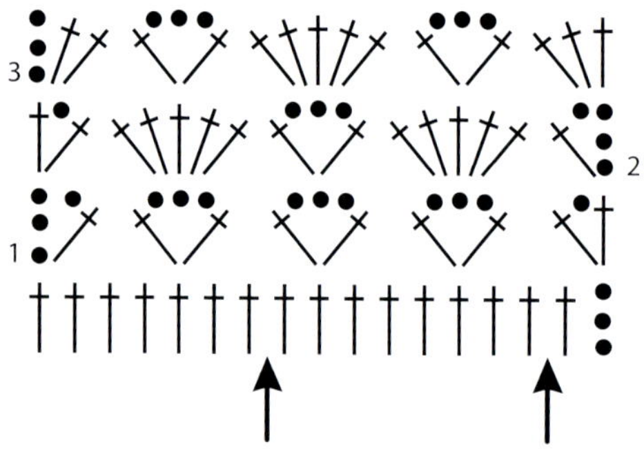

Zeichenerklärung:

● = 1 Luftmasche

† = 1 Stäbchen

Laufen die Zeichen unten zusammen, werden die Maschen in dieselbe Einstichstelle gehäkelt.

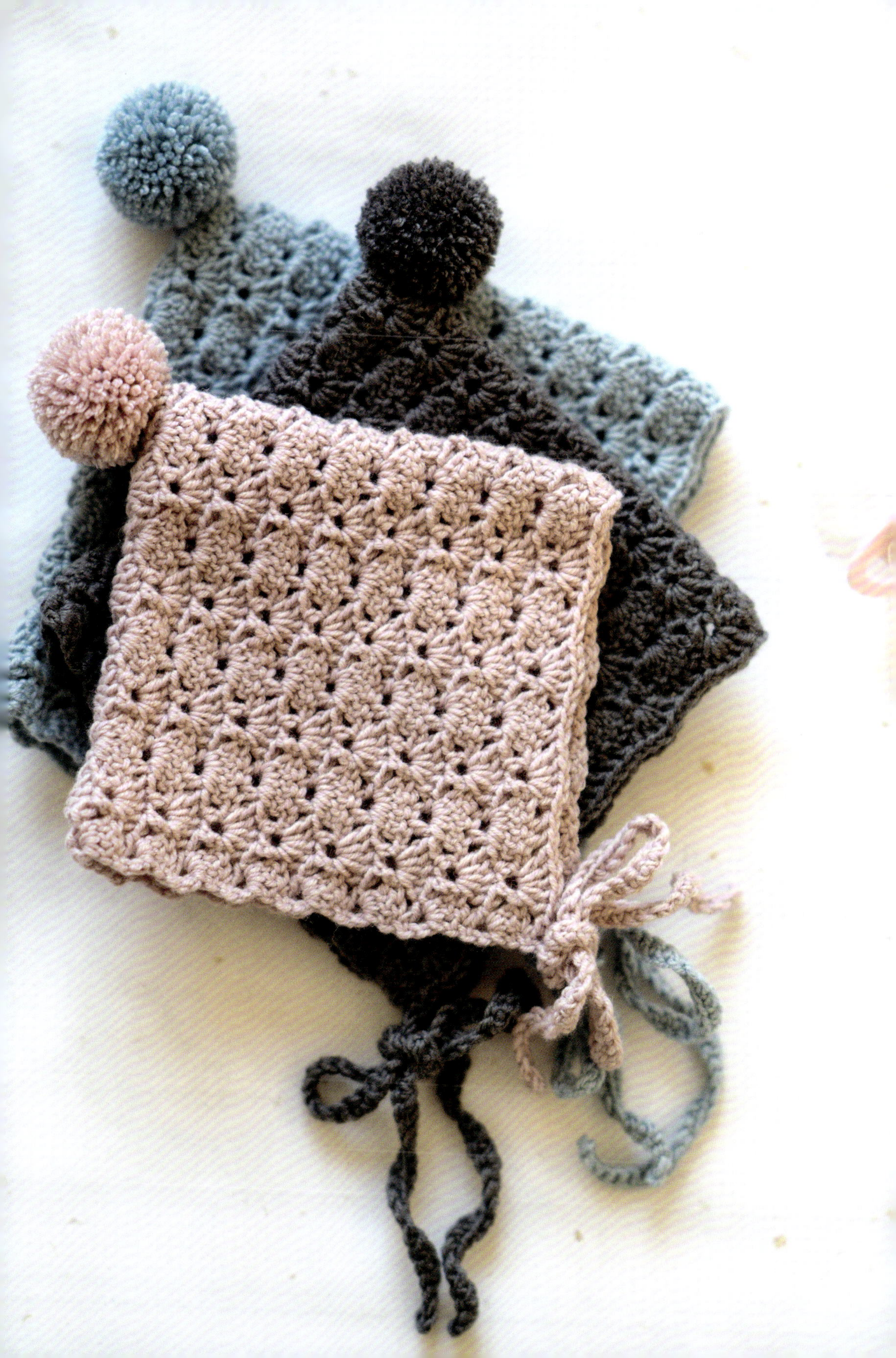

Alma

Schwierigkeitsgrad: mittel

Größe: 62/68, 74/80 und 86/92
Die Angaben für die größere Größe stehen hintereinander in Klammern. Steht nur eine Angabe, so gilt diese für alle Größen.

Material:

- Cool Wool Big (100 % Schurwolle, LL = 120 m/50 g) von Lana Grossa: pro Mütze je 50 (100/100) g Beere meliert (Fb 218) oder Graugrün meliert (Fb 209) oder Cool Wool (100 % Schurwolle, LL = 120 m/50 g) von Lana Grossa: 50 (100/100) g Beige (Fb 945); Häkelnadel 3,5 und 4 mm.

Muster:

Muschelmuster: Maschenzahl teilbar durch 6 + 1.
Laut Häkelschrift arbeiten. Mit den Maschen vor dem rechten Pfeil beginnen, den Rapport von 6 Maschen zwischen den Pfeilen stets wiederholen und mit den Maschen nach dem linken Pfeil enden.
1x die 1. – 3. Reihe arbeiten, dann die 2. und 3. Reihe stets wiederholen.

Feste Maschen in Runden
Feste Maschen häkeln, dabei jede Runde mit 1 Luftmasche beginnen. Diese Masche dient nur zum Aufsteigen in die nächste Runde und trägt nicht zur Maschenzahl bei. Daher am Runden-Ende mit 1 Kettmasche in die 1. feste Masche zur Runde schließen und anders als bei anderen Maschenarten nicht in die Steige-Luftmasche einstechen.

Maschenprobe:

Muschelmuster: 19 Anschlags-Maschen und 12 Reihen = 10 cm x 10 cm.

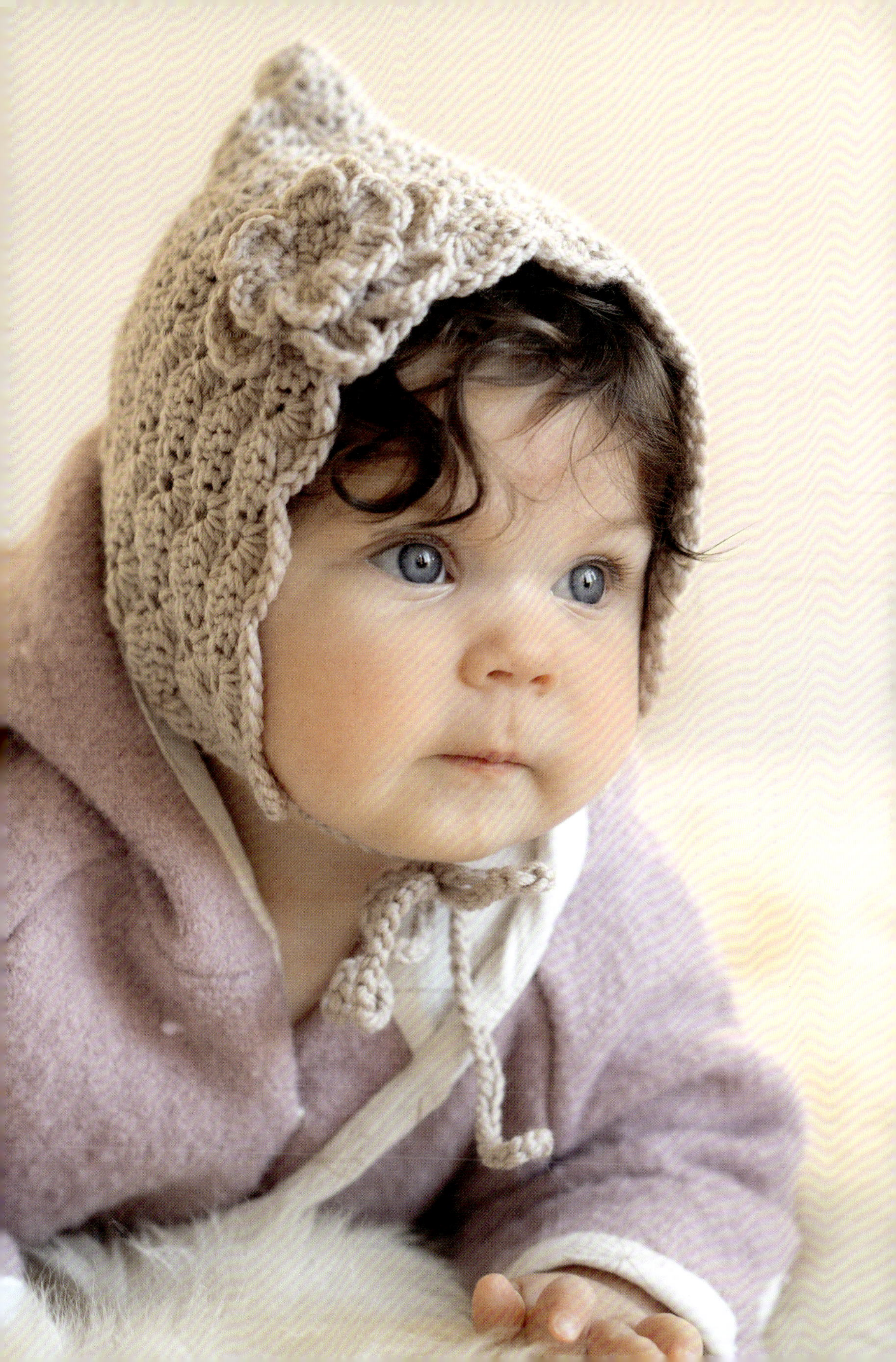

Alma

So wird's gemacht

61 (67/73) Maschen + 3 Wende-Luftmaschen (= 1. Stäbchen der 1. Reihe) mit Häkelnadel 3,5 in der jeweiligen Farbe anschlagen und 15 (16/18) cm = 18 (19/22) Reihen im Muschelmuster häkeln, dabei in der letzten Reihe statt Stäbchen Doppel-Stäbchen arbeiten. Dann die Arbeit beenden.

Kleine Blume: 1. Runde: In einen verstellbaren Fadenring 6 feste Maschen in der jeweiligen Farbe mit der Häkelnadel 3,5 häkeln, mit 1 Kettmasche in die 1. feste Masche zur Runde schließen. **2. Runde:** 1 Luftmasche zum Aufsteigen in die Runde, * 1 feste Masche, 1 Luftmasche, ab * 6x arbeiten, mit 1 Kettmasche in die 1. feste Masche zur Runde schließen. **3. Runde:** 1 Luftmasche, * 1 feste Masche, 3 Luftmaschen, 3 Stäbchen um die Luftmasche der Vor-Runde, 3 Luftmaschen, ab * 6x arbeiten, mit 1 Kettmasche in die 1. feste Masche zur Runde schließen. Dann die Arbeit beenden.

Große Blume: 1. Runde: In einen verstellbaren Fadenring 6 feste Masche in der jeweiligen Farbe häkeln, mit 1 Kettmasche in die 1. feste Masche zur Runde schließen. **2. Runde:** 3 Luftmaschen (= 1. Stäbchen), 1 Stäbchen in dieselbe Einstichstelle, * 2 Luftmaschen, 2 zusammen abgemaschte Stäbchen in 1 Masche, ab * 5x arbeiten, 2 Luftmaschen, mit 1 Kettmasche in die oberste Ersatz-Luftmasche zur Runde schließen. **3. Runde:** 1 Luftmasche zum Aufsteigen in die Runde, * 1 feste Masche, 4 Luftmaschen, 3 Doppel-Stäbchen um die Luftmaschen der Vor-Runde, 4 Luftmaschen, ab * 6x arbeiten, mit 1 Kettmasche in die 1. feste Masche zur Runde schließen. Dann die Arbeit beenden.

Fertigstellung: Die hintere Naht schließen. Für die Bänder in die unteren Ecken mit Häkelnadel 4 in der jeweiligen Farbe jeweils zweifädig eine 24 (26/28) cm lange Luftmaschenkette anbringen. Die kleine Blume auf die große Blume nähen und die Blume auf die Mütze nähen (siehe Foto).

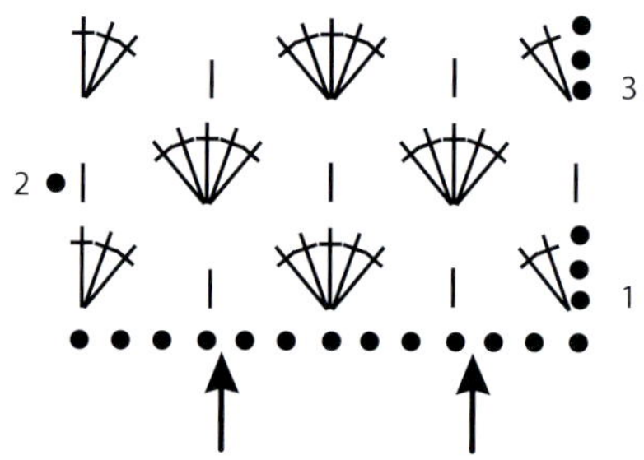

Zeichenerklärung:

= 1 Luftmasche

= 1 feste Masche

= 1 Stäbchen

= 5 Stäbchen in 1 Einstichstelle

Laufen die Zeichen unten zusammen, werden die Maschen in dieselbe Einstichstelle gehäkelt.

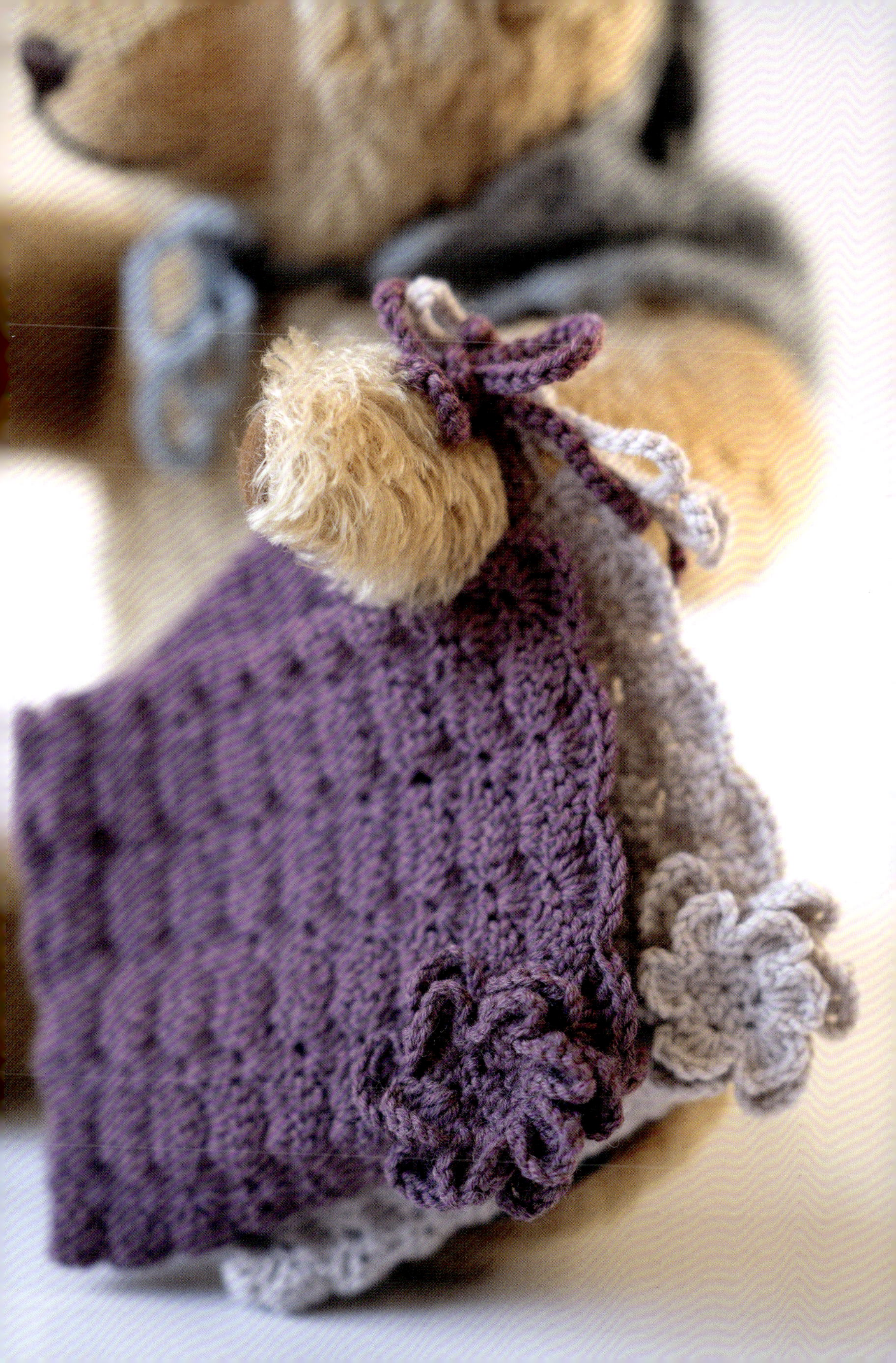

Pernilla

Schwierigkeitsgrad: einfach

Größe: Frühchen, 56/62 und 74/80
Die Angaben für die größere Größen stehen hintereinander in Klammern. Steht nur eine Angabe, so gilt diese für alle Größen.

Material:

- Baby Mix (50 % Schurwolle, 50 % Polyacryl, LL = 135 m/50 g) von Schöller + Stahl: pro Mütze je 50 (50/100) g Apricot (Fb 12), Mint (Fb 8) oder Pistazie (Fb 9); Häkelnadel 3,5 mm.

Muster:

Filethäkelmuster: Maschenzahl teilbar durch 16 + 4.
Laut Häkelschrift arbeiten. In Hinreihen mit den Maschen vor dem rechten Pfeil beginnen, den Rapport von 7 Maschen zwischen den Pfeilen stets wiederholen und mit den Maschen nach dem linken Pfeil enden.
1x die 1. – 10. R arbeiten, dabei ist die 1. Reihe eine Rückreihe. Dann die 3. – 10. R stets wiederholen.

Maschenprobe:

Filethäkelmuster: 22 Stäbchen und 12 Reihen = 10 cm x 10 cm.

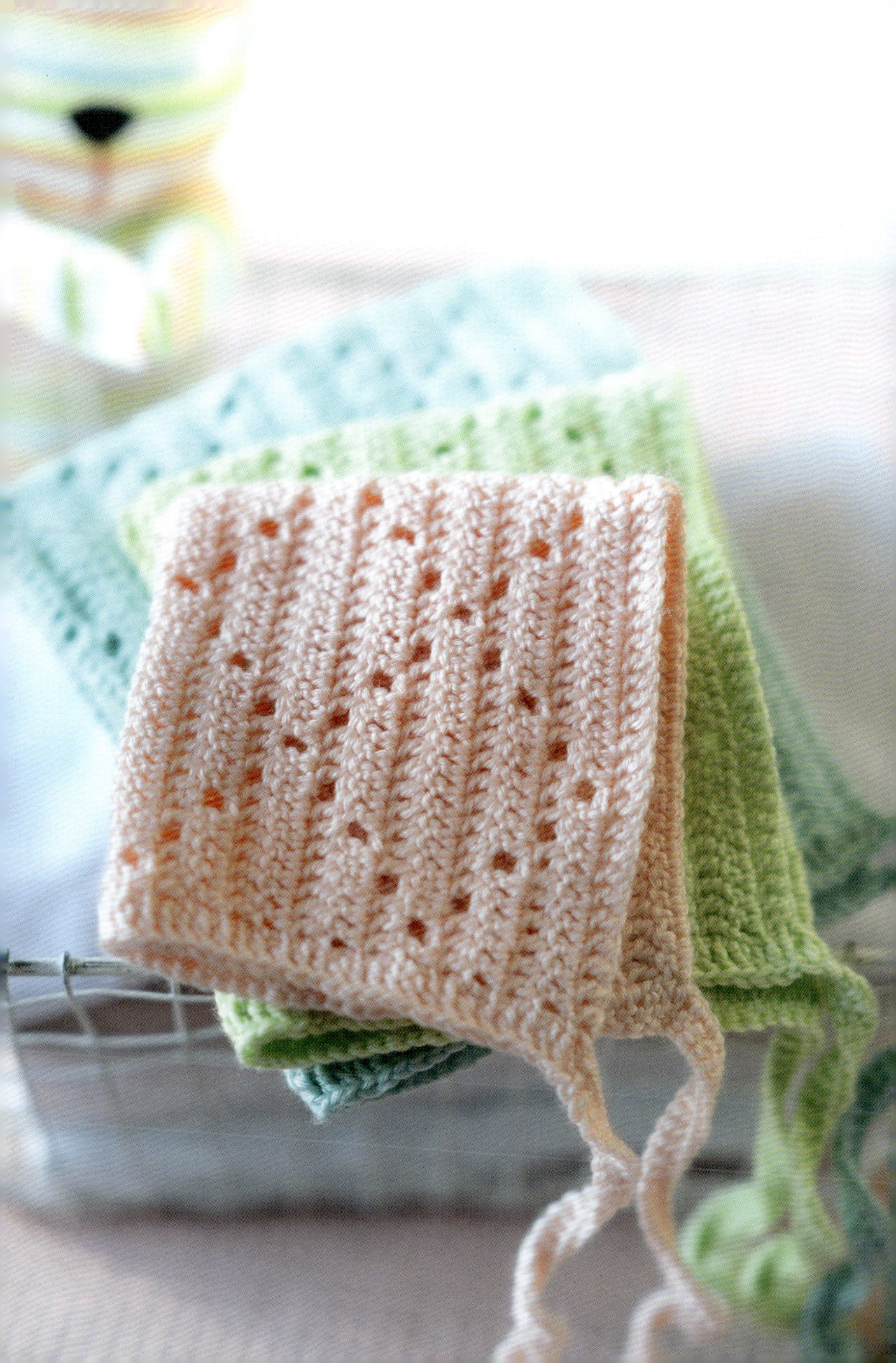

Pernilla

So wird's gemacht:

52 (68/84) Luftmaschen + 3 Wende-Luftmaschen (= 1. Stäbchen der 1. Reihe) in der jeweiligen Farbe anschlagen und 12,5 (14/16) cm = 15 (17/20) Reihen im Filethäkelmuster häkeln. Faden nicht abschneiden, sondern die Mütze zur Hälfte legen und die obere Naht schließen, dafür die 2 Mützenhälften mit 1 Reihe fester Maschen zusammenhäkeln. Dann die Arbeit beenden.

Fertigstellung: Für die Bänder in die linke Ecke des Anschlags in der jeweiligen Farbe anschlingen. Eine 20 (22/24) cm lange Luftmaschenkette anschlagen, die Arbeit wenden und in diese Luftmaschenkette Stäbchen häkeln. Dann den unteren Mützenrand mit Stäbchen umhäkeln und anschließend für das 2. Band wieder eine 20 (22/24) cm lange Luftmaschenkette anschlagen, die Arbeit wenden und in diese Luftmaschenkette Stäbchen häkeln. Mit 1 Kettmasche in die Anschlag-Reihe anschließen und die Arbeit beenden.

Zeichenerklärung:

● = 1 Luftmasche

† = 1 Stäbchen

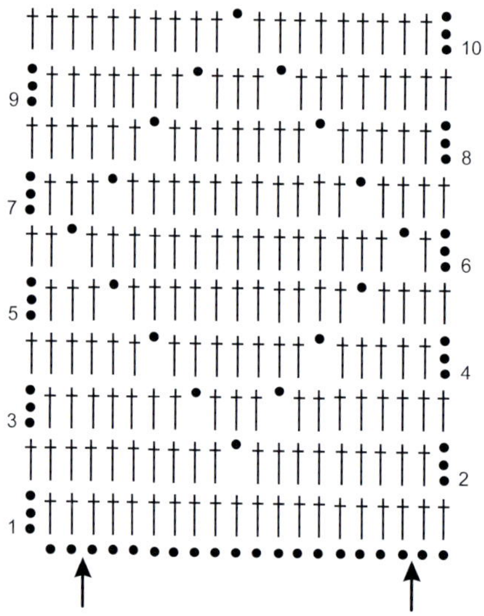

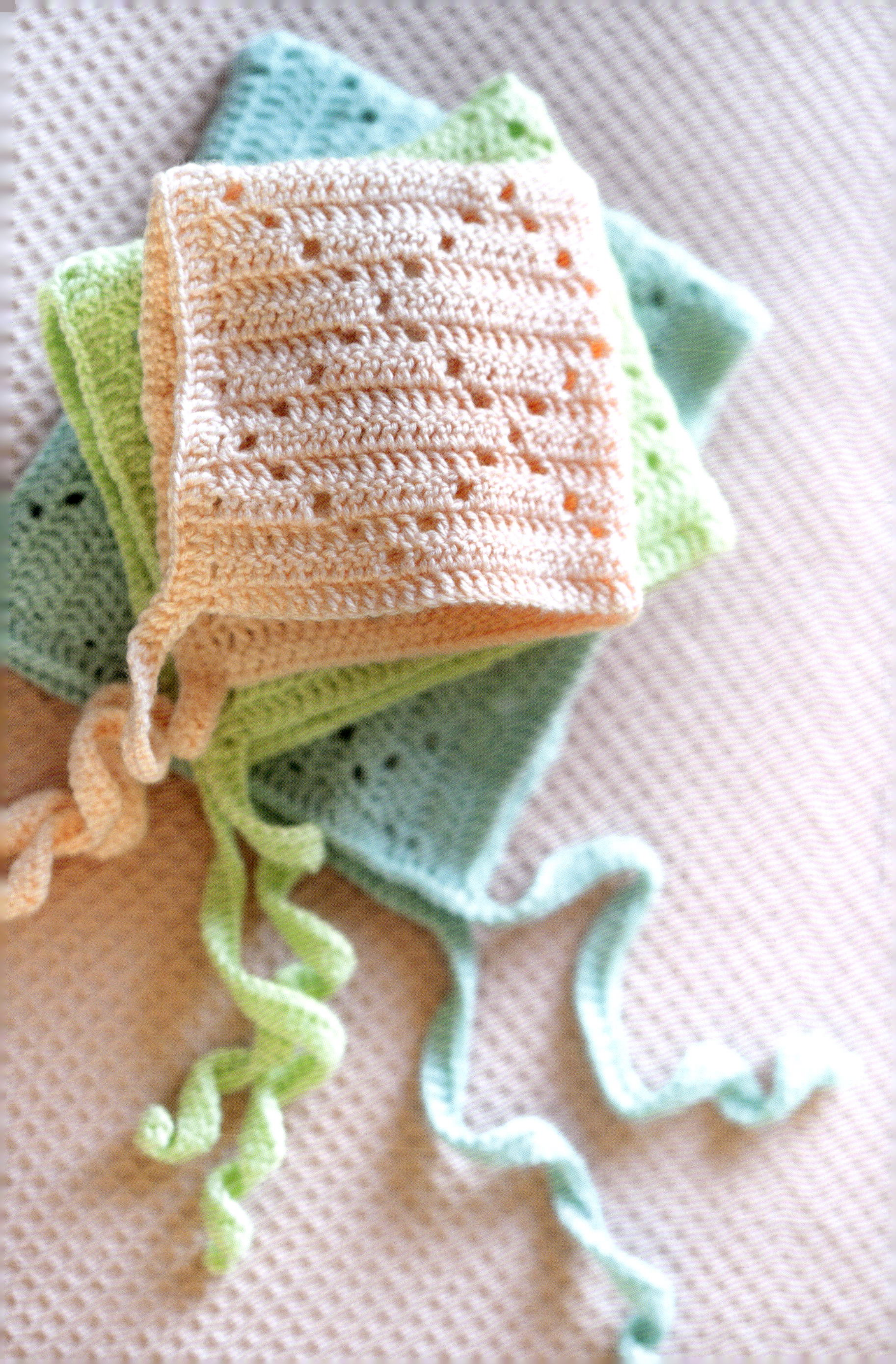

Emil

Schwierigkeitsgrad: schwierig

Größe: 50/56, 62/68 und 74/80

Die Angaben für die größere Größe stehen hintereinander in Klammern. Steht nur eine Angabe, so gilt diese für alle Größen.

Material:

- Nuovo Merino 120 (100 % Schurwolle, LL = 150 m/50 g) von Junghans Wolle: pro Mütze je 50 g Grège meliert (Fb 138-121-29), Petrol (Fb 138-095-29) oder Jeans (Fb 138-093-29); Häkelnadel 4 mm.

Muster:

Halbe Stäbchen: Jede Reihe mit 2 Wende-Luftmaschen als Ersatz für das 1. halbe Stäbchen beginnen.

Zopf über 12 Maschen:

Laut Häkelschrift arbeiten.

1x die 1. – 6. Reihe arbeiten, dann die 3. – 6. Reihe stets wiederholen.

Maschenproben:

Halbe Stäbchen: 18 Maschen und 14 Reihen = 10 cm x 10 cm.

Zopf: 12 Maschen und 14 Reihen = 5 cm x 10 cm.

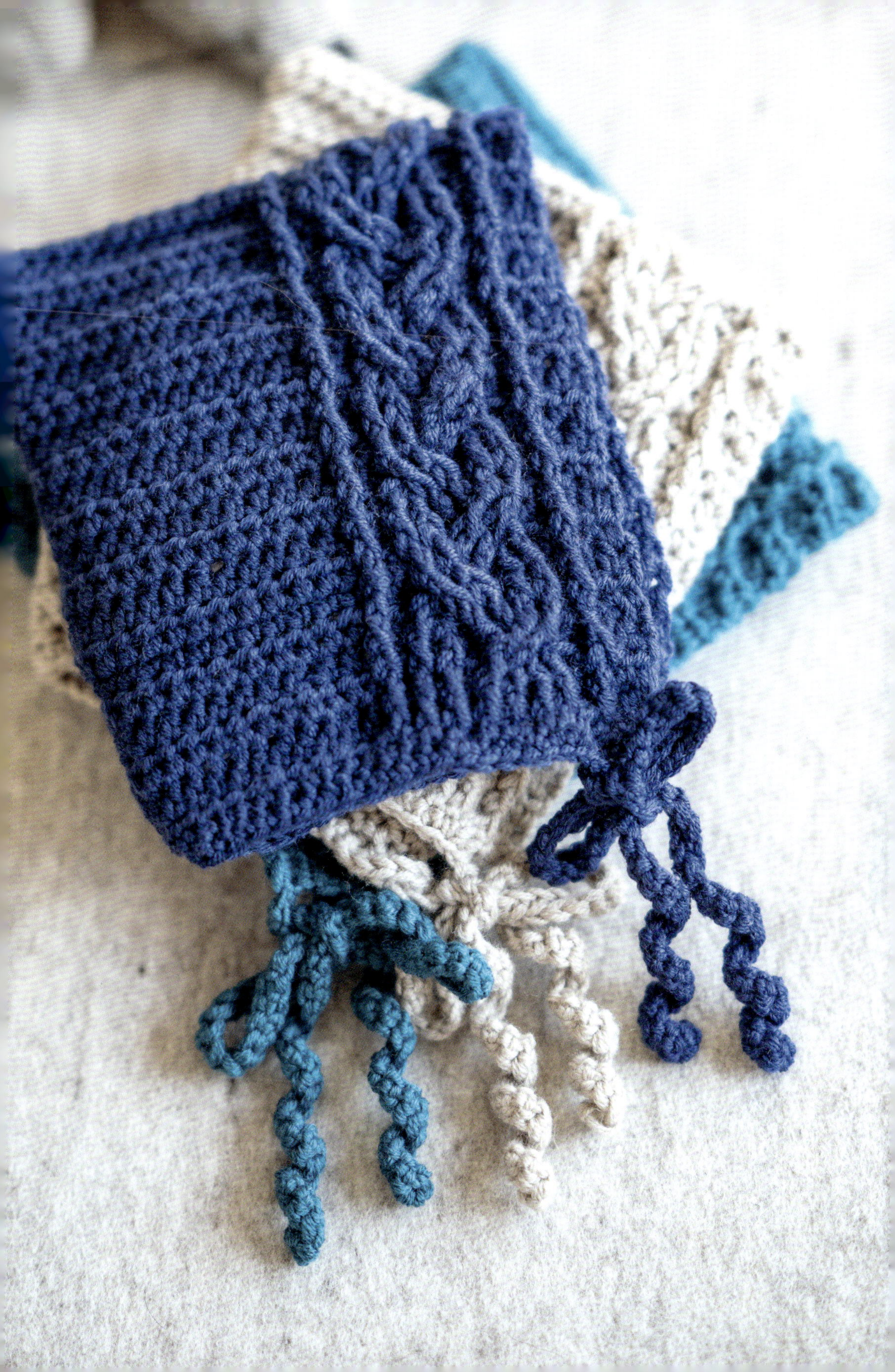

Emil

So wird's gemacht:

25 (27/29) Luftmaschen + 2 Wende-Luftmaschen (= 1. halbes Stäbchen der 1. Reihe) in der jeweiligen Farbe anschlagen und in der 1. Reihe (= Hinreihe) die Maschen wie folgt einteilen: 2 halbe Stäbchen, 12 Maschen Zopf, 11 (13/15) halbe Stäbchen. Zur Formgebung am rechten Rand 3x (4x/5x) in jeder 2. Reihe je 1 halbes Stäbchen zunehmen, dafür in die 1. Masche 2 halbe Stäbchen arbeiten = 28 (31/34) Maschen.

Nach 25,5 (27/30) cm = 36 (38/42) Reihen ab Anschlag zur Formgebung am rechten Rand 1x 1 halbes Stäbchen und in der folgenden 2. Reihe noch 1x 1 halbes Stäbchen abnehmen, dafür 2 halbe Stäbchen zusammen abmaschen = 26 (29/32) Maschen. Nach 28,5 (30/33) cm = 40 (42/46) Reihen ab Anschlag die Arbeit beenden.

Fertigstellung: Die hintere Naht schließen. Für die Bänder in der linken unteren Ecke in der jeweiligen Farbe anschlingen, dann eine 20 (22/24) cm lange Luftmaschenkette anschlagen, die Arbeit wenden und in diese Luftmaschenkette feste Maschen häkeln. Dann den unteren Mützenrand mit festen Maschen umhäkeln und anschließend für das 2. Band wieder eine 20 (22/24) cm lange Luftmaschenkette anschlagen, die Arbeit wenden und in diese Luftmaschenkette feste Maschen häkeln. Mit 1 Kettmasche in die rechte untere Ecke anschließen und die Arbeit beenden.

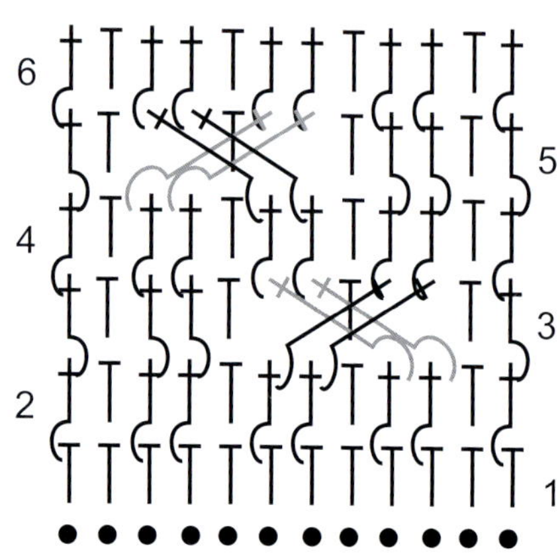

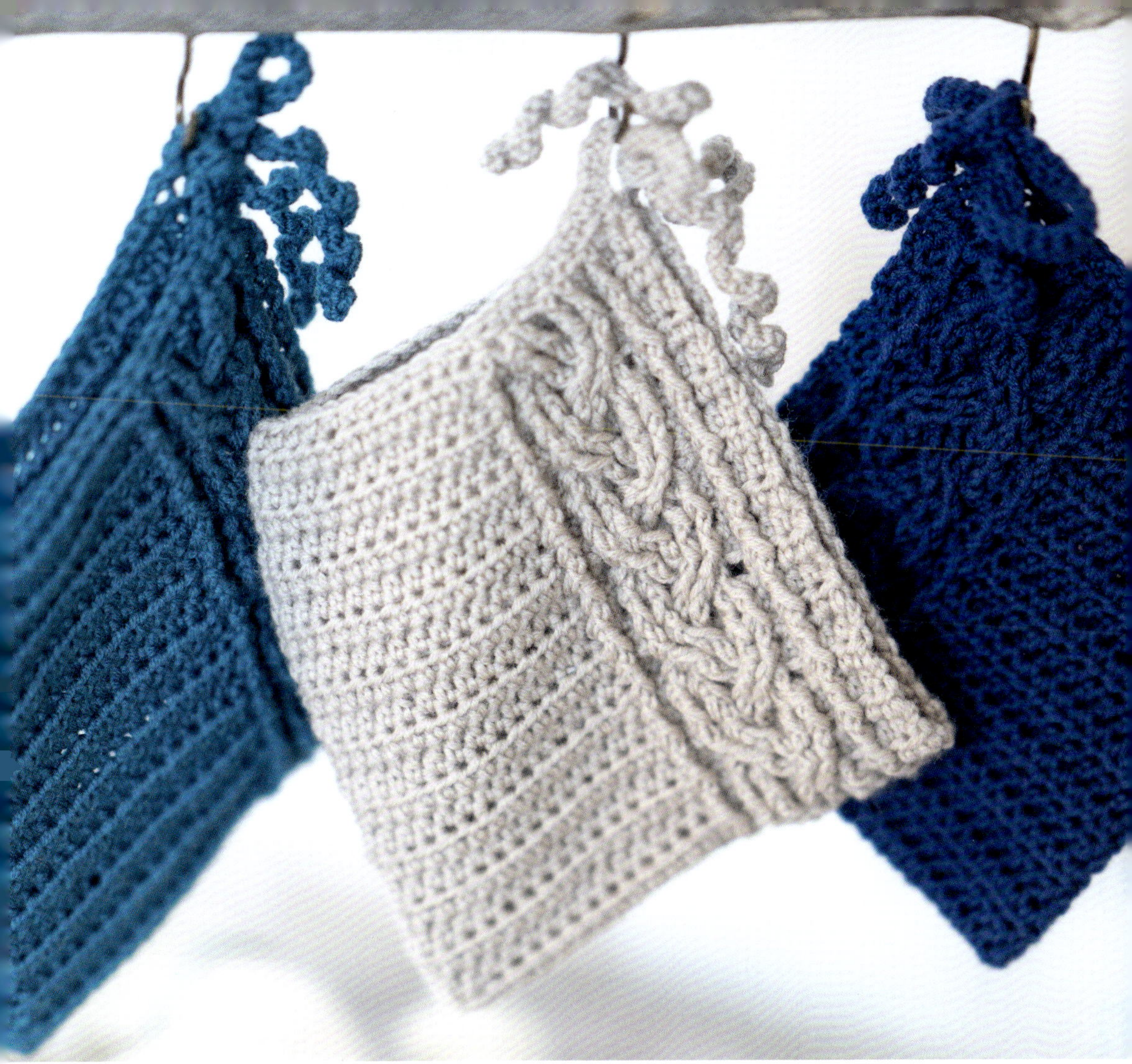

Zeichenerklärung:

• = 1 Luftmasche

T = 1 halbes Stäbchen

= 1 vorne gearbeitetes Reliefstäbchen (= nicht in die Masche der Vor-Reihe einstechen, sondern die Nadel um die senkrechten Glieder der Vor-Reihe führen, ohne in die Masche einzustechen, dabei die Nadel von vorne nach hinten und wieder nach vorne führen).

= 1 hinten gearbeitetes Reliefstäbchen (= nicht in die Masche der Vor-Reihe einstechen, sondern die Nadel um die senkrechten Glieder der Vor-Reihe führen, ohne in die Masche einzustechen, dabei die Nadel von hinten nach vorne und wieder nach hinten führen).

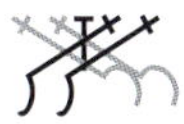 = 4 gekreuzte Relief-Stäbchen (von vorn nach rechts) (= 3 Maschen überspringen, 2 vorne liegende Relief-Stäbchen, dann hinter den beiden gehäkelten Relief-Stäbchen in die 3 übersprungenen Maschen 1 halbes Stäbchen und 2 vorne liegende Relief-Stäbchen arbeiten)

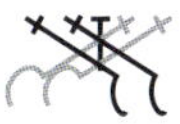 = 4 gekreuzte Relief-Stäbchen (von vorn nach links) (= 3 Maschen überspringen, 2 vorne liegende Relief-Stäbchen, dann vor den beiden gehäkelten Relief-Stäbchen in die zuletzt übersprungene Masche 1 halbes Stäbchen und dann vor den beiden gehäkelten Relief-Stäbchen und dem halben Stäbchen in die restlichen 2 übersprungenen Maschen je 1 vorne liegendes Relief-Stäbchen arbeiten)

Jonas

Schwierigkeitsgrad: mittel

Größe: 50/56, 62/68 und 74/80
Die Angaben für die größere Größe stehen hintereinander in Klammern. Steht nur eine Angabe, so gilt diese für alle Größen.

Material:

Für die grau-braun-senffarbene Mütze:

- Cool Wool Mélange (100 % Schurwolle, LL = 160 m/50 g) von Lana Grossa: je 50 g Hellgrau meliert (Fb 122), Braun meliert (Fb 116) und Bernstein meliert; Häkelnadel 3 mm.

Für die grau-grün-blaue Mütze:

- Cool Wool Mélange (100 % Schurwolle, LL = 160 m/50 g) von Lana Grossa: je 50 g Oliv meliert (Fb 113) und Dunkelblau meliert (Fb 490) und Cool Wool (100 % Schurwolle, LL = 160 m/50 g) von Lana Grossa: 50 g Hellgrau meliert (Fb 443); Häkelnadel 3 mm.

Für die beige-rot-lilafarbene Mütze:

- Cool Wool Mélange (100 % Schurwolle, LL = 160 m/50 g) von Lana Grossa: je 50 g Beige meliert (Fb 123) und Cool Wool (100 % Schurwolle, LL = 160 m/50 g) von Lana Grossa: je 50 g in Koralle (Fb 2060) und Dunkelviolett (Fb 2023); Häkelnadel 3 mm.

Muster:

Halbe Stäbchen in Runden: Halbe Stäbchen häkeln, dabei jede Runde mit 2 Luftmaschen als Ersatz für das 1. halbe Stäbchen beginnen und mit 1 Kettmasche in die oberste Ersatz-Luftmasche zur Runde schließen.

Häkelmuster: 1. Reihe: 2 Luftmaschen (= 1. halbes Stäbchen), halbe Stäbchen arbeiten. **2. Reihe:** 1 Luftmasche, Kettmaschen arbeiten, dabei nur in die hinteren Maschenglieder einstechen. **3. Reihe:** 2 Luftmaschen (= 1. halbes Stäbchen), halbe Stäbchen arbeiten, dabei nur in die vorderen Maschenglieder einstechen.
1x die 1. – 3. Reihe, dann die 2. und 3. Reihe stets wiederholen.

Streifenfolge:

Grau-braun-senffarbene Mütze: * 2 Reihen Bernstein meliert, 2 Reihen Hellgrau meliert, 2 Reihen Braun meliert, 4 Reihen Hellgrau meliert, ab * stets wiederholen.
Grau-grün-blaue Mütze: * 2 Reihen Oliv meliert, 2 Reihen Hellgrau meliert, 2 Reihen Dunkelblau meliert, 4 Reihen Hellgrau meliert, ab * stets wiederholen.
Beige-rot-lilafarbene Mütze: * 2 Reihen Koralle, 2 Reihen Beige meliert, 2 Reihen Dunkelviolett meliert, 4 Reihen Beige meliert, ab * stets wiederholen.

Maschenprobe:

Häkelmuster: 27 Maschen und 28 Reihen/Runden = 10 cm x 10 cm.

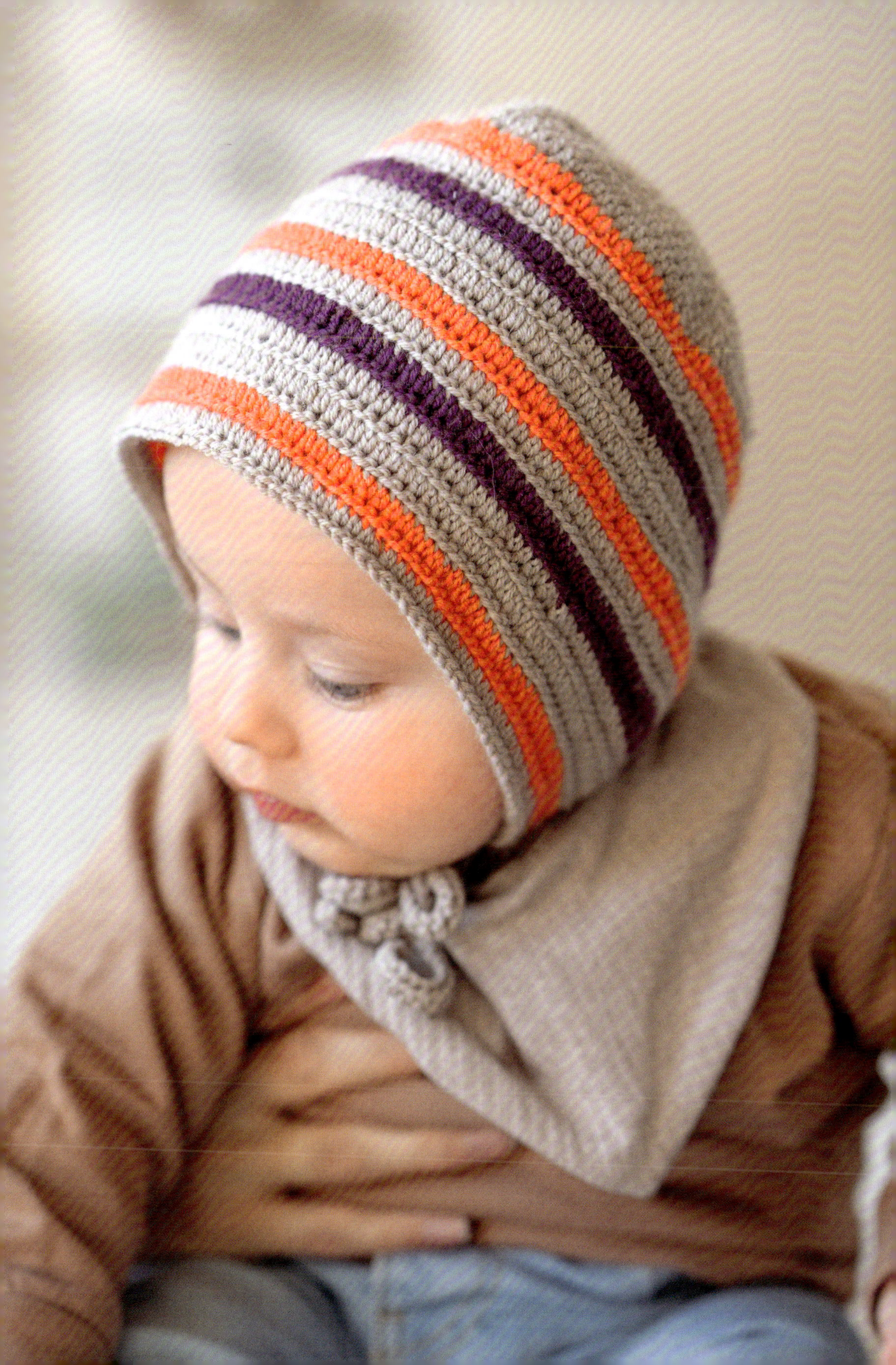

Jonas

So wird's gemacht:

Um einen verstellbaren Fadenring in Hellgrau meliert, Beige meliert oder Hellgrau meliert 2 Luftmaschen (= 1. halbes Stäbchen), 9 halbe Stäbchen häkeln und mit 1 Kettmasche in die oberste Ersatz-Luftmasche zur Runde schließen = 10 halbe Stäbchen.

1. Runde: 2 Luftmaschen (= 1. halbes Stäbchen), 1 halbes Stäbchen in die gleiche Masche (= Kettmasche der Vor-Runde), dann stets 2 halbe Stäbchen in 1 Masche, mit 1 Kettmasche in die oberste Ersatz-Luftmasche zur Runde schließen = 20 halbe Stäbchen.

2. Runde: 2 Luftmaschen, 1 halbes Stäbchen in die gleiche Masche, 1 Stäbchen, * 2 halbe Stäbchen in 1 Masche, 1 Stäbchen, ab * 9x arbeiten, mit 1 Kettmasche in die oberste Ersatz-Luftmasche zur Runde schließen = 30 halbe Stäbchen.

3. Runde: 2 Luftmaschen, 1 halbes Stäbchen in die gleiche Masche, 2 Stäbchen, * 2 halbe Stäbchen in 1 Masche, 2 Stäbchen, ab * 9x arbeiten, mit 1 Kettmasche in die oberste Ersatz-Luftmasche zur Runde schließen = 40 halbe Stäbchen.

4. Runde: 2 Luftmaschen, 1 halbes Stäbchen in die gleiche Masche, 3 Stäbchen, * 2 halbe Stäbchen in 1 Masche, 3 Stäbchen, ab * 9x arbeiten, mit 1 Kettmasche in die oberste Ersatz-Luftmasche zur Runde schließen = 50 halbe Stäbchen.

5. Runde: 2 Luftmaschen, 1 halbes Stäbchen in die gleiche Masche, 4 Stäbchen, * 2 halbe Stäbchen in 1 Masche, 4 Stäbchen, ab * 9x arbeiten, mit 1 Kettmasche in die oberste Ersatz-Luftmasche zur Runde schließen = 60 halbe Stäbchen.

6. Runde: 2 Luftmaschen, 1 halbes Stäbchen in die gleiche Masche, 5 Stäbchen, * 2 halbe Stäbchen in 1 Masche, 5 Stäbchen, ab * 9x arbeiten, mit 1 Kettmasche in die oberste Ersatz-Luftmasche zur Runde schließen = 70 halbe Stäbchen.

7. Runde: 2 Luftmaschen, 1 halbes Stäbchen in die gleiche Masche, 6 Stäbchen, * 2 halbe Stäbchen in 1 Masche, 6 Stäbchen, ab * 9x arbeiten, mit 1 Kettmasche in die oberste Ersatz-Luftmasche zur Runde schließen = 80 halbe Stäbchen.

Nur für Größe 62/68:

8. Runde: 2 Luftmaschen, 1 halbes Stäbchen in die gleiche Masche, 9 Stäbchen, * 2 halbe Stäbchen in 1 Masche, 9 Stäbchen, ab * 7x arbeiten, mit 1 Kettmasche in die oberste Ersatz-Luftmasche zur Runde schließen = 88 halbe Stäbchen.

Nur für Größe 74/80:

8. Runde: 2 Luftmaschen, 1 halbes Stäbchen in die gleiche Masche, 7 Stäbchen, * 2 halbe Stäbchen in 1 Masche, 7 Stäbchen, ab * 9x arbeiten, mit 1 Kettmasche in die oberste Ersatz-Luftmasche zur Runde schließen = 90 halbe Stäbchen.

9. Runde: 2 Luftmaschen, 1 halbes Stäbchen in die gleiche Masche, 14 Stäbchen, * 2 halbe Stäbchen in 1 Masche, 14 Stäbchen, ab * 5x arbeiten, mit 1 Kettmasche in die oberste Ersatz-Luftmasche zur Runde schließen = 96 halbe Stäbchen.

Dann für alle Größen 10 (10/10,5) cm = 22 (22/24) Reihen im Häkelmuster in der jeweiligen Streifenfolge arbeiten. Anschließend die Arbeit beenden.

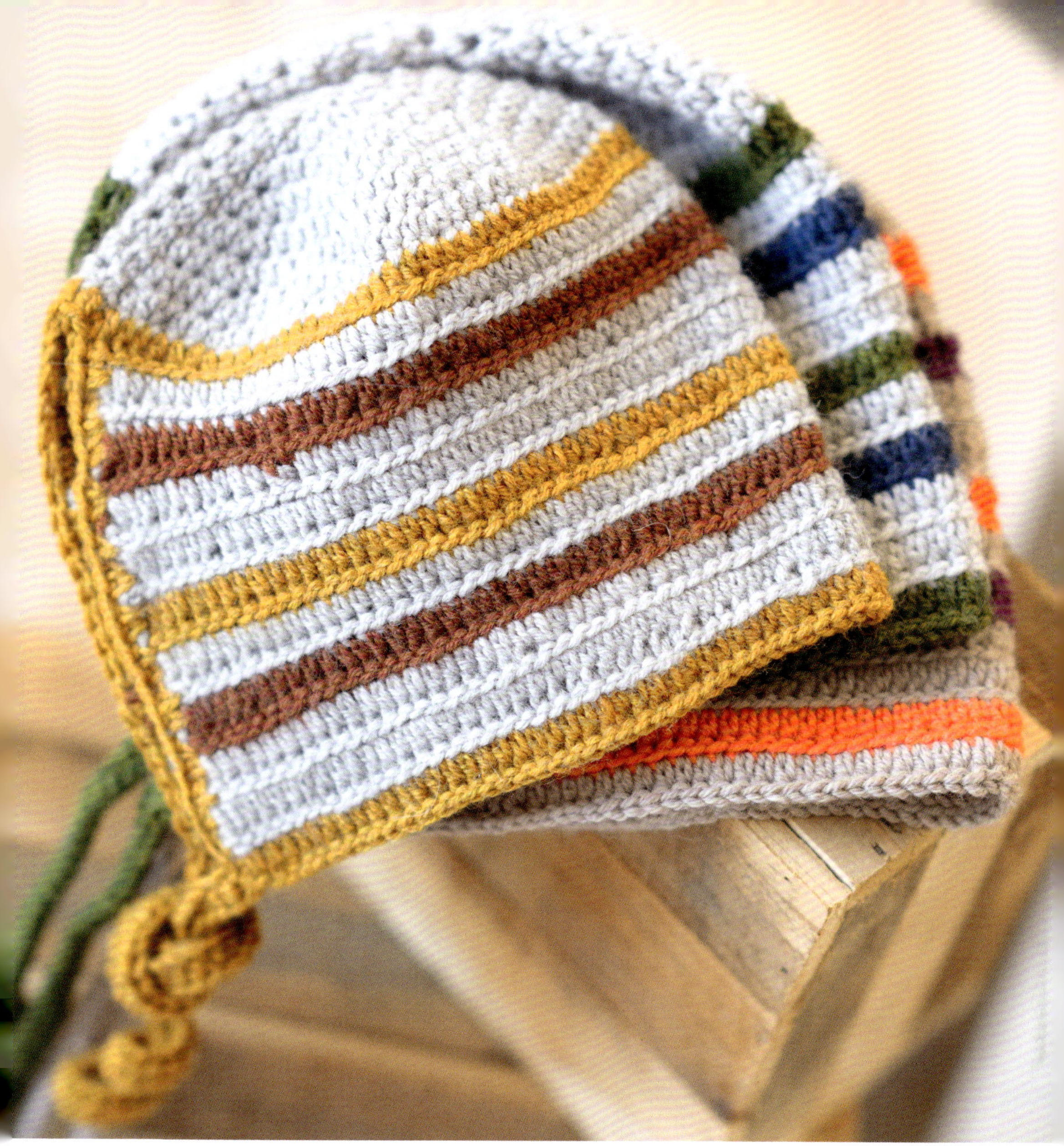

Fertigstellung: Für die Bänder in der rechten unteren Ecke in Bernstein meliert, Oliv meliert oder Beige meliert anschlingen. Eine 24 (26/28) cm lange Luftmaschenkette anschlagen, die Arbeit wenden und in diese Luftmaschenkette halbe Stäbchen häkeln. Dann den unteren Mützenrand mit festen Maschen umhäkeln und anschließend für das 2. Band wieder eine 24 (26/28) cm lange Luftmaschenkette anschlagen. Die Arbeit wenden und in diese Luftmaschenkette halbe Stäbchen häkeln, mit 1 Kettmasche in die linke untere Ecke enden. Dann die Arbeit beenden.

Ida

Schwierigkeitsgrad: mittel

Größe: 62/68, 74/80 und 86/92
Die Angaben für die größere Größe stehen hintereinander in Klammern. Steht nur eine Angabe, so gilt diese für alle Größen.

Material:

- Elastico (96 % Baumwolle, 4 % Polyester, LL = 160 m/50 g) von Lana Grossa: pro Mütze je 50 g Jeans (Fb 134), Lachs (Fb 132) oder Graubraun (Fb 137); Häkelnadel 3,5 mm.

Muster:

Feste Maschen in Runden: Feste Maschen häkeln, dabei jede Runde mit 1 Luftmasche beginnen. Diese Masche dient nur zum Aufsteigen in die nächste Runde und trägt nicht zur Maschenzahl bei. Daher am Runden-Ende mit 1 Kettmasche in die 1. feste Masche zur Runde schließen und anders als bei anderen Maschenarten nicht in die Steige-Luftmasche einstechen.

Häkelmuster: Maschenzahl teilbar durch 2 + 1.
1. Reihe: 3 Luftmaschen (= 1. Stäbchen), * 2 Stäbchen in 1 Masche, 1 Masche überspringen, ab * stets wiederholen, 2 Stäbchen in 1 Masche, 1 Stäbchen. 2. Reihe: 1 Luftmasche, in jedes Stäbchen 1 feste Masche, dabei nur in das vordere Maschenglied arbeiten.
Die 1. und 2. Reihe stets wiederholen.

Maschenproben:

Feste Maschen: 22 Maschen und 22 Reihen = 10 cm x 10 cm.
Häkelmuster: 21 Maschen und 11 Reihen = 10 cm x 10 cm.

So wird's gemacht:

Um einen verstellbaren Fadenring in der jeweiligen Farbe 6 feste Maschen häkeln und mit 1 Kettmasche zur Runde schließen.
1. Runde: 1 Luftmasche zum Aufsteigen in die Runde, stets 2 feste Maschen in 1 Masche, mit 1 Kettmasche in die 1. feste Masche zur Runde schließen = 12 feste Maschen.
2. Runde: 1 Luftmasche, * 2 feste Maschen, 1 Luftmasche, ab * 6x arbeiten, mit 1 Kettmasche in die 1. feste Masche zur Runde schließen = 12 feste Maschen und 6 Luftmaschen.
3. Runde: 1 Luftmasche, * 2 feste Maschen, (1 feste Masche, 1 Luftmasche, 1 feste Masche) um die Luftmasche der Vor-Runde, ab * 6x arbeiten, mit 1 Kettmasche in die 1. feste Masche zur Runde

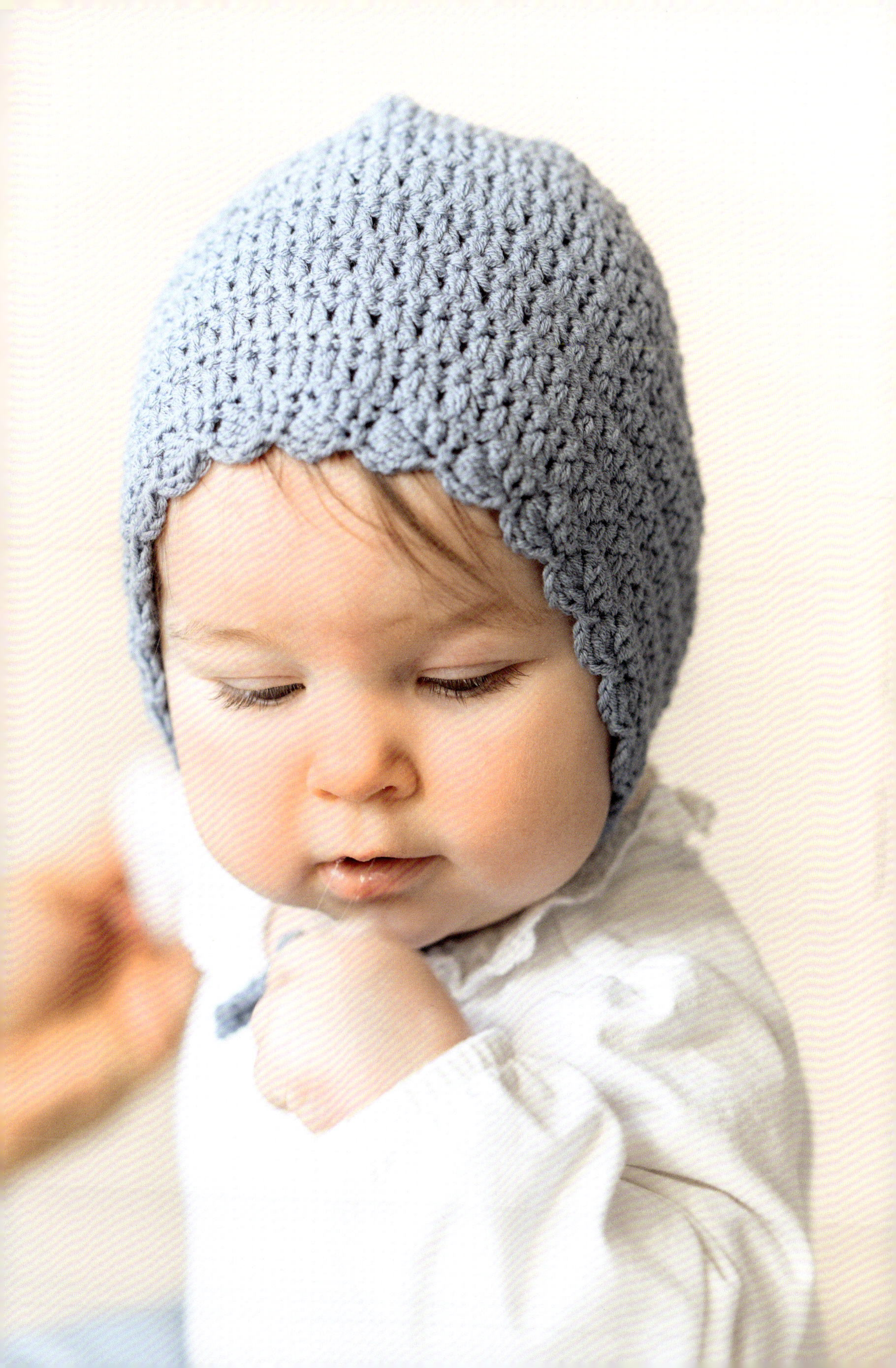

schließen = 24 feste Maschen und 6 Luftmaschen.
4. Runde: 1 Luftmasche, * 3 feste Maschen, (1 feste Masche, 1 Luftmasche, 1 feste Masche) um die Luftmasche der Vor-Runde, 1 feste Masche, ab * 6x arbeiten, mit 1 Kettmasche in die 1. feste Masche zur Runde schließen = 36 feste Maschen und 6 Luftmaschen.
5. Runde: 1 Luftmasche, * 4 feste Maschen, (1 feste Masche, 1 Luftmasche, 1 feste Masche) um die Luftmasche der Vor-Runde, 2 feste Maschen, ab * 6x arbeiten, mit 1 Kettmasche in die 1. feste Masche zur Runde schließen = 48 feste Maschen und 6 Luftmaschen.
6. Runde: 1 Luftmasche, * 5 feste Maschen, (1 feste Masche, 1 Luftmasche, 1 feste Masche) um die Luftmasche der Vor-Runde, 3 feste Maschen, ab * 6x arbeiten, mit 1 Kettmasche in die 1. feste Masche zur Runde schließen = 60 feste Maschen und 6 Luftmaschen.

Nur für Größe 74/80:
7. Runde: 1 Luftmasche, * 6 feste Maschen, 2 feste Maschen um die Luftmasche der Vor-Runde, 4 feste Maschen, ab * 6x arbeiten, mit 1 Kettmasche in die 1. feste Masche zur Runde schließen = 72 feste Maschen.

Nur für Größe 86/92:
7. Runde: 1 Luftmasche, * 6 feste Maschen, (1 feste Masche, 1 Luftmasche, 1 feste Masche) um die Luftmasche der Vor-Runde, 4 feste Maschen, ab * 6x arbeiten, mit 1 Kettmasche in die 1. feste Masche zur Runde schließen = 72 feste Maschen und 6 Luftmaschen.
8. Runde: 1 Luftmasche, * 7 feste Maschen, 2 feste Maschen um die Luftmasche der Vor-Runde, 5 feste Maschen, ab * 6x arbeiten, mit 1 Kettmasche in die 1. feste Masche zur Runde schließen = 84 feste Maschen.

Nun für alle Größen 12,5 (14,5/14,5) cm = 14 (16/16) Reihen im Häkelmuster arbeiten, dabei in der 1. Reihe 1 Masche überspringen = 59 (71/83) Maschen.
Dann 1 Reihe wie folgt arbeiten: 1 Luftmasche, * 1 Kettmasche, 3 Luftmaschen, 3 zusammen abgemaschte Stäbchen in die gleiche Masche wie die Kettmasche, 3 Maschen überspringen, ab * stets wiederholen, 1 Kettmasche. Anschließend die Arbeit beenden.

Fertigstellung: Für die Bänder in der linken unteren Ecke in der jeweiligen Farbe anschlingen, dann eine 22 (24/26) cm lange Luftmaschenkette anschlagen, die Arbeit wenden und in diese Luftmaschenkette Kettmaschen häkeln. Dann den unteren Mützenrand mit festen Maschen umhäkeln und anschließend für das 2. Band wieder eine 22 (24/26) cm lange Luftmaschenkette anschlagen, die Arbeit wenden, in diese Luftmaschenkette Kettmaschen häkeln und mit 1 Kettmasche in die Anschlag-Reihe enden. Dann die Arbeit beenden.

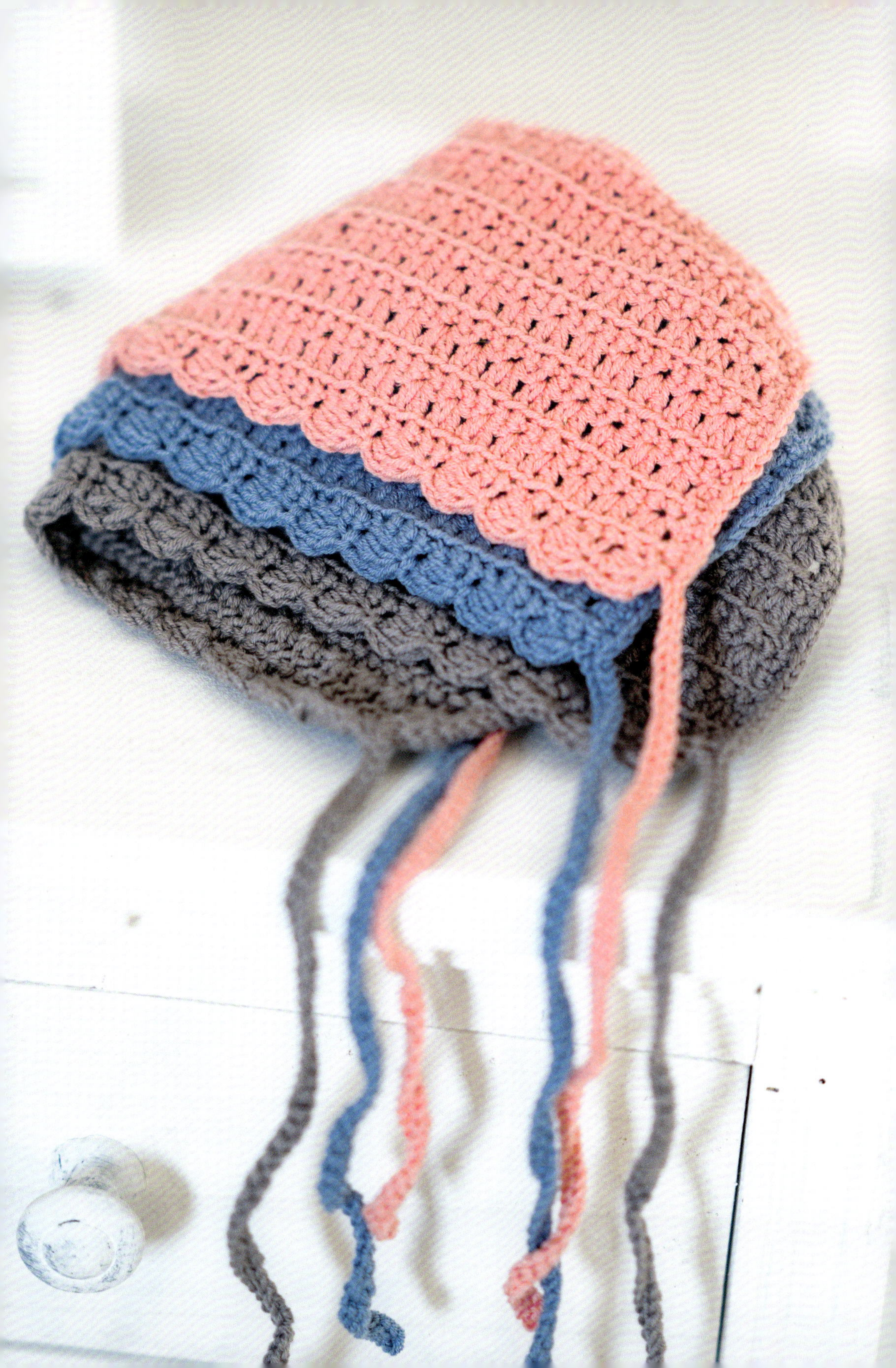

Sverre

Schwierigkeitsgrad: schwierig

Größe: 62/68, 74/80 und 86/92

Die Angaben für die größere Größe stehen hintereinander in Klammern. Steht nur eine Angabe, so gilt diese für alle Größen.

Material:

- Golf (100 % Baumwolle, LL = 125 m/50 g) von Lang Yarns: pro Mütze je 50 (100/100) g Grau (Fb 0124), Mint (Fb 0073) oder Kupfer (Fb 0215); Häkelnadel 3 mm.

Muster:

Halbe Stäbchen in Runden: Halbe Stäbchen häkeln, dabei jede Runde mit 2 Luftmaschen als Ersatz für das 1. halbe Stäbchen beginnen und mit 1 Kettmasche in die oberste Ersatz-Luftmasche zur Runde schließen.

Zopfmuster: Maschenzahl teilbar durch 8 + 4. Laut Häkelschrift arbeiten. Mit den Maschen vor dem rechten Pfeil beginnen, den Rapport von 8 Maschen zwischen den Pfeilen stets wiederholen und mit den Maschen nach dem linken Pfeil enden.

1x die 1. – 5. Reihe arbeiten, dann die 2. – 5. Reihe stets wiederholen.

Maschenproben:

Halbe Stäbchen: 30 halbe Stäbchen und 16 Reihen = 10 cm x 10 cm.

Zopfmuster: 23 Maschen und 16 Reihen = 5 cm x 10 cm.

So wird's gemacht:

Um einen verstellbaren Fadenring in der jeweiligen Farbe 8 feste Maschen häkeln.

1. Runde: 2 Luftmaschen (= 1. halbes Stäbchen), 1 halbes Stäbchen in die gleiche Masche, stets 2 halbe Stäbchen in 1 Masche, mit 1 Kettmasche in die oberste Ersatz-Luftmasche zur Runde schließen = 16 halbe Stäbchen.

2. Runde: 2 Luftmaschen, 1 halbes Stäbchen in die gleiche Masche, stets 2 halbe Stäbchen in 1 Masche, mit 1 Kettmasche in die oberste Ersatz-Luftmasche zur Runde schließen = 32 halbe Stäbchen.

3. Runde: 2 Luftmaschen, 2 halbe Stäbchen in 1 Masche, * 1 halbes Stäbchen, 2 halbe Stäbchen in 1 Masche, ab * 15x arbeiten, mit 1 Kettmasche in die oberste Ersatz-Luftmasche zur Runde schließen = 48 halbe Stäbchen.

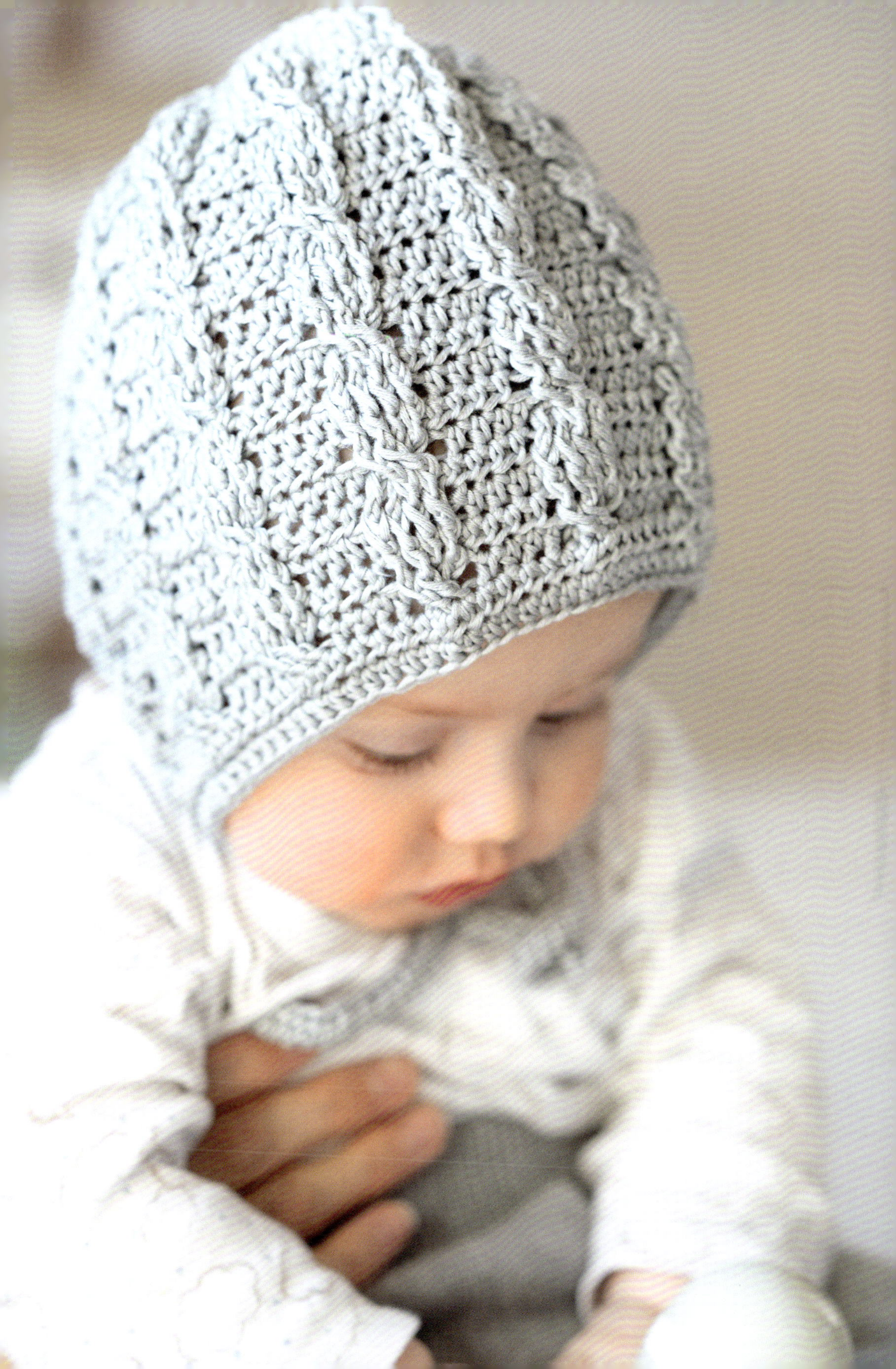

Sverre

4. Runde: 2 Luftmaschen, 1 Stäbchen, 2 halbe Stäbchen in 1 Masche, * 2 halbe Stäbchen, 2 halbe Stäbchen in 1 Masche, ab * 15x arbeiten, mit 1 Kettmasche oberste Ersatz-Luftmasche zur Runde schließen = 64 halbe Stäbchen.

Nur für Größe 62/68:

5. Runde: 2 Luftmaschen, 14 halbe Stäbchen, 2 halbe Stäbchen in 1 Masche, * 15 halbe Stäbchen, 2 halbe Stäbchen in 1 Masche, ab * 3x arbeiten, mit 1 Kettmasche in die oberste Ersatz-Luftmasche zur Runde schließen = 68 halbe Stäbchen.

Nur für Größe 74/80:

5. Runde: 2 Luftmaschen, 7 halbe Stäbchen, 2 halbe Stäbchen in 1 Masche, * 4 halbe Stäbchen, 2 halbe Stäbchen in 1 Masche, ab * 11x arbeiten, mit 1 Kettmasche in die oberste Ersatz-Luftmasche zur Runde schließen = 76 halbe Stäbchen.

Nur für Größe 86/92:

5. Runde: 2 Luftmaschen, 2 halbe Stäbchen, 2 halbe Stäbchen in 1 Masche, * 3 halbe Stäbchen, 2 halbe Stäbchen in 1 Masche, ab * 15x arbeiten, mit 1 Kettmasche in die oberste Ersatz-Luftmasche zur Runde schließen = 80 halbe Stäbchen.
6. Runde: 2 Luftmaschen, 18 halbe Stäbchen, 2 halbe Stäbchen in 1 Masche, * 19 halbe Stäbchen, 2 halbe Stäbchen in 1 Masche, ab * 3x arbeiten, mit 1 Kettmasche in die oberste Ersatz-Luftmasche zur Runde schließen = 84 halbe Stäbchen.

Nun für alle Größen 20 (22/24) Reihen im Zopfmuster häkeln. Danach noch 2 Reihen halbe Stäbchen häkeln, dabei in der 1. Reihe jeweils über den Zöpfen 8 (9/10)x 2 halbe Stäbchen zusammen abmaschen = 60 (67/74) halbe Stäbchen. Dann die Arbeit beenden.

Fertigstellung: Für die Bänder in der rechten unteren Ecke in der jeweiligen Farbe anschlingen. Eine 24 (26/28) cm lange Luftmaschenkette anschlagen, die Arbeit wenden und in diese Luftmaschenkette halbe Stäbchen häkeln. Dann den unteren Mützenrand mit halben Stäbchen umhäkeln und anschließend für das 2. Band wieder eine 24 (26/28) cm lange Luftmaschenkette anschlagen, die Arbeit wenden und in diese Luftmaschenkette halbe Stäbchen häkeln. Mit 1 Kettmasche in die linke untere Ecke enden. Dann die Arbeit beenden.

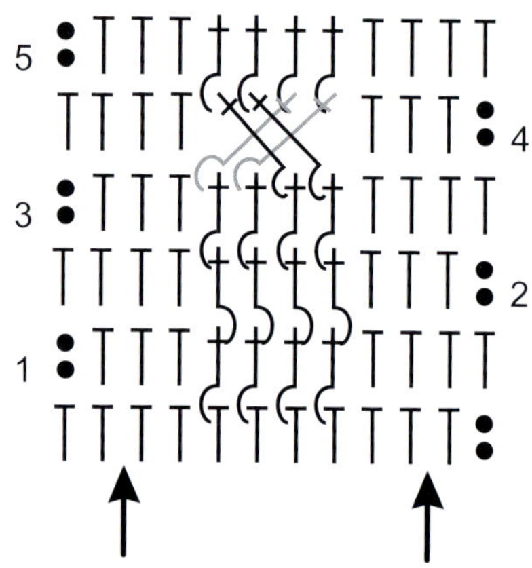

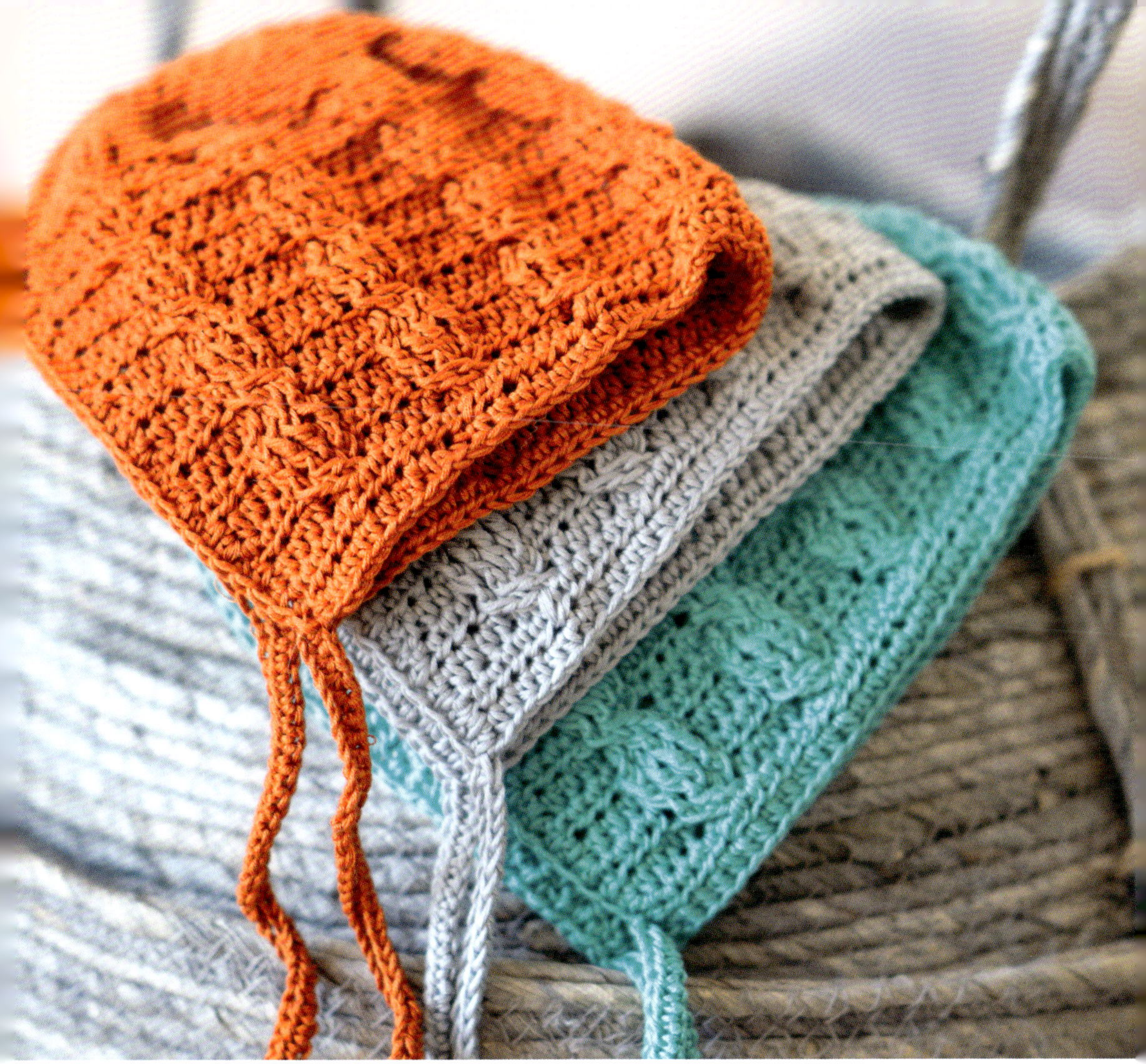

Zeichenerklärung:

• = 1 Luftmasche

T = 1 halbes Stäbchen

= 1 vorne gearbeitetes Reliefstäbchen (= nicht in die Masche der Vor-Reihe einstechen, sondern die Nadel um die senkrechten Glieder der Vor-Reihe führen, ohne in die Masche einzustechen, dabei die Nadel von vorne nach hinten und wieder nach vorne führen).

= 1 hinten gearbeitetes Reliefstäbchen (= nicht in die Masche der Vor-Reihe einstechen, sondern die Nadel um die senkrechten Glieder der Vor-Reihe führen, ohne in die Masche einzustechen, dabei die Nadel von hinten nach vorne und wieder nach hinten führen).

= 4 gekreuzte Relief-Stäbchen (von vorne nach rechts) (= 2 Maschen überspringen, 2 vorne liegende Relief-Stäbchen, dann hinter den beiden gehäkelten Relief-Stäbchen in die 2 übersprungenen Maschen je 1 vorne liegendes Relief-Stäbchen arbeiten).

Sanna

Schwierigkeitsgrad: mittel

Größe: 62/68, 74/80 und 86/92
Die Angaben für die größere Größe stehen hintereinander in Klammern. Steht nur eine Angabe, so gilt diese für alle Größen.

Material:

- Limone (100 % Baumwolle, LL = 125 m/50 g) von Schöller + Stahl: pro Mütze je 50 (50/100 g) Apricot (Fb 02), Mokka (Fb 129) oder Flieder (Fb 177); Häkelnadel 3 mm.

Muster:

Feste Maschen in Runden: Feste Maschen häkeln, dabei jede Runde mit 1 Luftmasche beginnen. Diese Masche dient nur zum Aufsteigen in die nächste Runde und trägt nicht zur Maschenzahl bei. Daher am Runden-Ende mit 1 Kettmasche in die 1. feste Masche zur Runde schließen und anders als bei anderen Maschenarten nicht in die Steige-Luftmasche einstechen.

Halbe Stäbchen in Runden: Halbe Stäbchen häkeln, dabei jede Runde mit 2 Luftmaschen als Ersatz für das 1. halbe Stäbchen beginnen und mit 1 Kettmasche in die oberste Ersatz-Luftmasche zur Runde schließen.

Kleines Netzmuster: Maschenzahl teilbar durch 2 + 1.
1. Reihe: 1 Luftmasche, * 1 feste Masche, mit 1 Luftmasche 1 Masche überspringen, ab * stets wiederholen, 1 feste Masche. 2. Reihe: 1 Luftmasche, 1 feste Masche, * 1 feste Masche um die Luftmasche der Vor-Reihe, mit 1 Luftmasche 1 Masche überspringen, ab * stets wiederholen, 1 feste Masche um die Luftmasche, 1 feste Masche. 3. Reihe: 1 Luftmasche, 1 feste Masche, * mit 1 Luftmasche 1 Masche überspringen, 1 feste Masche um die Luftmasche der Vor-Reihe, ab * stets wiederholen, mit 1 Luftmasche 1 Masche überspringen, 1 feste Masche.
1x die 1. – 3. Reihe arbeiten, dann die 2. und 3. Reihe stets wiederholen.

Kleine Büschelmasche (am Rundenbeginn): [1 Umschlag auf die Häkelnadel nehmen, die Häkelnadel einstechen und den Faden holen] 3x, dann den Faden durch alle 9 Schlingen der Häkelnadel durchholen.

Büschelmasche: [1 Umschlag auf die Häkelnadel nehmen, die Häkelnadel einstechen und den Faden holen] 4x, dann den Faden durch alle 9 Schlingen der Häkelnadel durchholen.

Maschenprobe:

Kleines Netzmuster: 33 Maschen (= 16 Rapporte) und 18 Reihen = 10 cm x 10 cm.

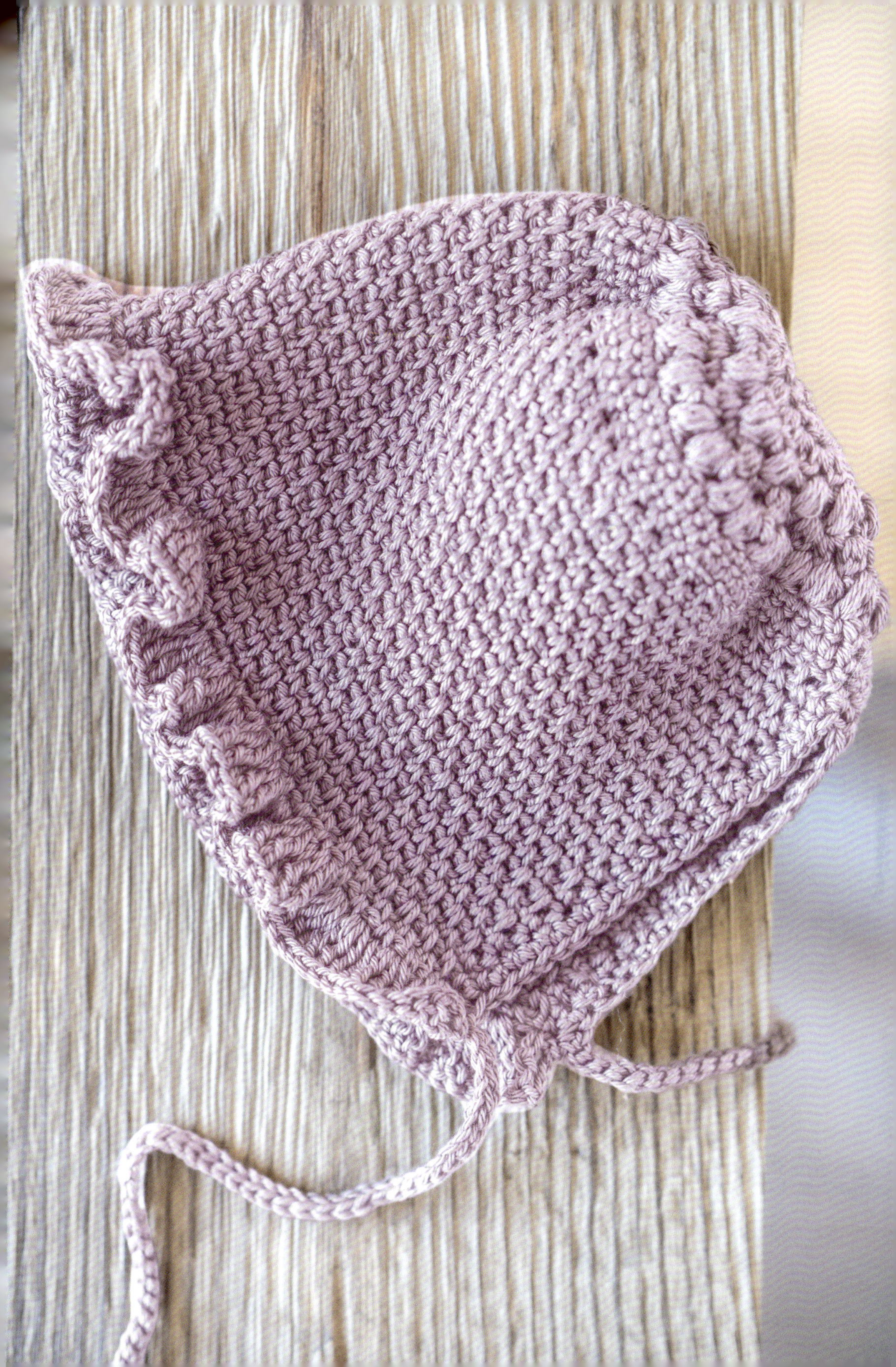

Sanna

So wird's gemacht:

Um einen verstellbaren Fadenring in der jeweiligen Farbe 8 feste Maschen arbeiten, mit 1 Kettmasche in die 1. feste Masche zur Runde schließen = 8 feste Maschen.

1. Runde: 1 Luftmasche zum Aufsteigen in die Runde, stets 2 feste Maschen in 1 Masche, mit 1 Kettmasche in die 1. feste Masche zur Runde schließen = 16 feste Maschen.

2. Runde: 2 Luftmaschen (= 1. halbes Stäbchen), 1 Luftmasche, 1 halbes Stäbchen in die gleiche Masche, stets 1 halbes Stäbchen + 1 Luftmasche + 1 halbes Stäbchen in 1 Masche, mit 1 Kettmasche in die oberste Ersatz-Luftmasche zur Runde schließen = 32 halbe Stäbchen und 16 Luftmaschen.

3. Runde: 2 Luftmaschen, 1 kleine Büschelmasche um die Luftmasche der Vor-Runde, * 1 Luftmasche, 1 Büschelmasche um die Luftmasche der Vor-Runde, ab * 15x arbeiten, 1 Luftmasche, mit 1 Kettmasche in die oberste Ersatz-Luftmasche zur Runde schließen = 16 Büschelmaschen und 16 Luftmaschen.

4. Runde: 2 Luftmaschen, * 1 Luftmasche, 2 halbe Stäbchen um die Luftmasche, 1 Luftmasche, 1 halbes Stäbchen in die Büschelmasche, ab * 15x arbeiten, 1 Luftmasche, 2 halbe Stäbchen um die Luftmasche, 1 Luftmasche, mit 1 Kettmasche in die 1. oberste Ersatz-Luftmasche zur Runde schließen = 48 halbe Stäbchen und 32 Luftmaschen.

5. Runde: 2 Ersatz-Luftmaschen, 1 kleine Büschelmasche um die Luftmasche der Vor-Runde, * 1 Luftmasche, 1 Büschelmasche um die Luftmasche der Vor-Runde, ab * 31x arbeiten, 1 Luftmasche, mit 1 Kettmasche in die oberste Ersatz-Luftmasche zur Runde schließen = 32 Büschelmaschen und 32 Luftmaschen.

Nur für Größe 62/68:

6. Runde: 1 Luftmasche, * [2 feste Maschen, 2 feste Maschen in 1 Masche] 2x, 3 feste Maschen, 2 feste Maschen in 1 Masche, ab * 6x arbeiten, 3 feste Maschen, 2 feste Maschen in 1 Masche, mit 1 Kettmasche in die 1. feste Masche zur Runde schließen = 83 feste Maschen.

Nur für Größe 74/80:

6. Runde: 1 Luftmasche, * 1 feste Masche, 2 feste Maschen in 1 Masche, 2 feste Maschen, 2 feste Maschen in 1 Masche, ab * 12x arbeiten, 1 feste Masche, 2 feste Maschen in 1 Masche, 2 feste Maschen, mit 1 Kettmasche in die 1. feste Masche zur Runde schließen = 89 feste Maschen.

Nur für Größe 86/92:

6. Runde: 1 Luftmasche, * 3 feste Maschen, 2 feste Maschen in 1 Masche, ab * 16x arbeiten, mit 1 Kettmasche in die 1. feste Masche zur Runde schließen = 80 feste Maschen.

7. Runde: 1 Luftmasche, * 4 feste Maschen, 2 feste Maschen in 1 Masche, ab * 15x arbeiten, 5 feste Maschen, mit 1 Kettmasche in die 1. feste Masche zur Runde schließen = 95 feste Maschen.

Nun für alle Größen 23 (25/27) Reihen im kleinen Netzmuster arbeiten. Dann noch 1 Reihe wie folgt arbeiten: 3 Luftmaschen (= 1. Doppel-Stäbchen), abwechselnd 1 Doppel-Stäbchen in 1 feste Maschen und 3 Doppel-Stäbchen um die Luftmasche arbeiten, enden mit 2 Doppel-Stäbchen. Dann die Arbeit beenden.

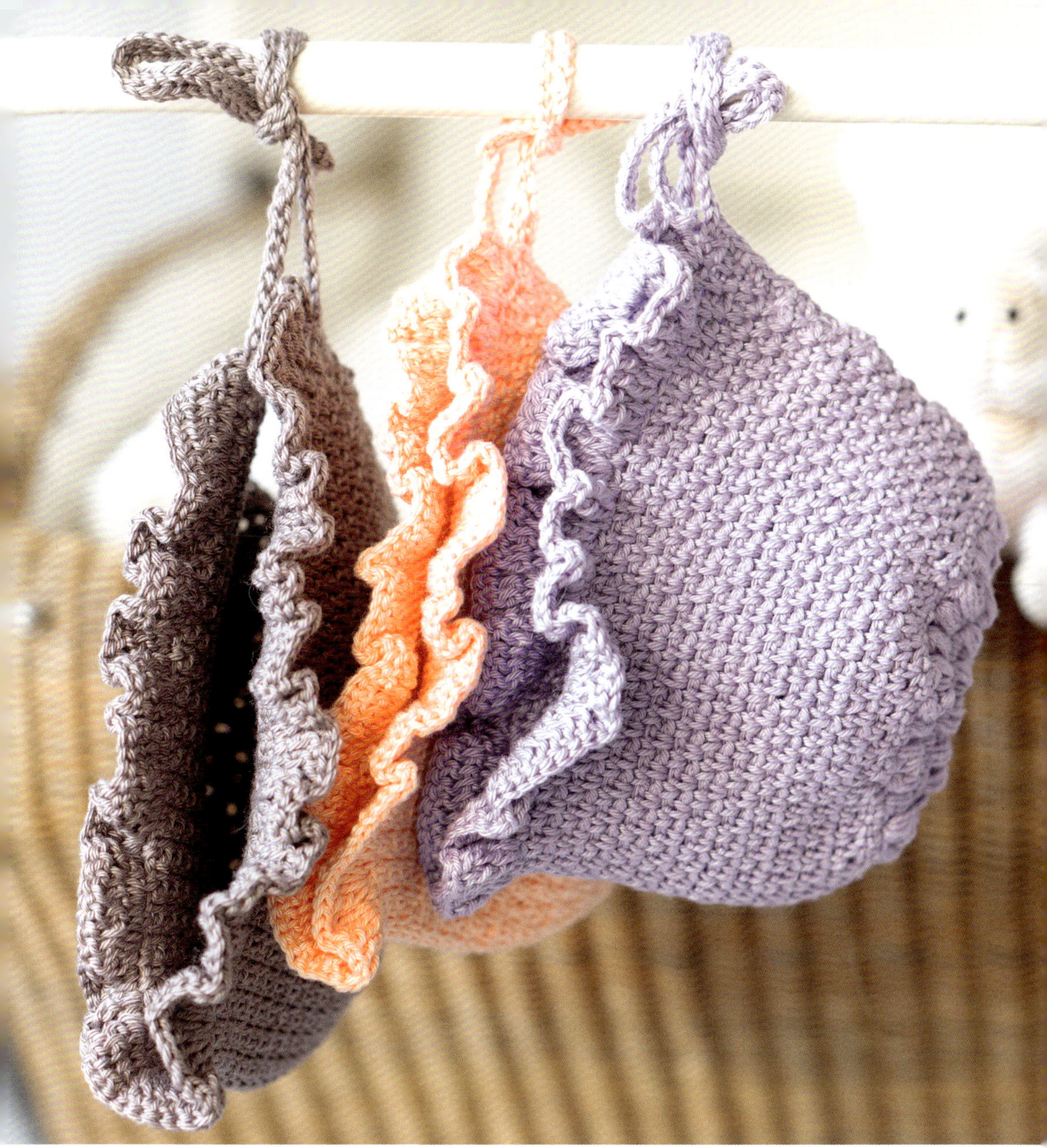

Fertigstellung: Für die Bänder in die linke untere Ecke in der jeweiligen Farbe anschlingen, eine 20 (22/24) cm lange Luftmaschenkette anschlagen, die Arbeit wenden und in diese Luftmaschenkette Kettmaschen häkeln. Dann den unteren Mützenrand mit festen Maschen umhäkeln. Anschließend für das 2. Band wieder eine 20 (22/24) cm lange Luftmaschenkette anschlagen, die Arbeit wenden, in diese Luftmaschenkette Kettmaschen häkeln und mit 1 Kettmasche in die rechte untere Ecke enden. Dann die Arbeit beenden.

Lotta

Schwierigkeitsgrad: mittel

Größe: 56/62, 68/74 und 80/86
Die Angaben für die größere Größe stehen hintereinander in Klammern. Steht nur eine Angabe, so gilt diese für alle Größen.

Material:

- Sensitiva (100 % Schurwolle, LL = 185 m/50 g) von Schulana: pro Mütze je 50 g Aqua (Fb 30), Lachs (Fb 08) oder Ecru (Fb 1); Häkelnadel 3 mm.

Muster:

Stäbchen: Jede Runde/Reihe mit 3 Luftmaschen als Ersatz für das 1. Stäbchen beginnen, jede Runde mit 1 Kettmasche in die oberste Ersatz-Luftmasche zur Runde schließen.

Muschelmuster: Maschenzahl teilbar durch 8 + 1.
Laut Häkelschrift arbeiten.
1x die 1. – 3. Reihe, dann die 2. und 3. Reihe stets wiederholen.

Kleine Büschelmasche (am Rundenbeginn): [1 Umschlag auf die Häkelnadel nehmen, die Häkelnadel einstechen und den Faden holen] 3x, dann durch alle 9 Schlingen der Häkelnadel den Faden durchholen.

Büschelmasche: [1 Umschlag auf die Häkelnadel nehmen, die Häkelnadel einstechen und den Faden holen] 4x, dann durch alle 9 Schlingen der Häkelnadel den Faden durchholen.

Maschenprobe:

Muschelmuster: 3 Rapporte und 12 Reihen = 10 cm x 10 cm.

So wird's gemacht:

Um einen verstellbaren Fadenring in der jeweiligen Farbe 8 feste Maschen arbeiten:
1. Runde: 2 Luftmaschen als Ersatz für 1 halbes Stäbchen, 1 kleine Büschelmasche, * 1 Luftmasche, 1 Büschelmasche, ab * 7x arbeiten, 1 Luftmasche, mit 1 Kettmasche in die oberste Ersatz-Luftmasche zur Runde schließen = 8 Büschelmaschen und 8 Luftmaschen.
2. Runde: 3 Luftmaschen (= 1. Stäbchen), 1 Stäbchen in die gleiche Masche, stets 2 Stäbchen in 1 Masche, mit 1 Kettmasche in die oberste Ersatz-Luftmasche zur Runde schließen = 32 Stäbchen.
3. Runde: 3 Luftmaschen, 1 Masche überspringen, * (1 Stäbchen, 3 Luftmaschen, 1 Stäbchen) in dieselbe Masche, 2 Maschen überspringen, ab * 10x arbeiten, 3 Luftmaschen, mit 1 Kettmasche in die oberste Ersatz-Luftmasche zur Runde schließen.

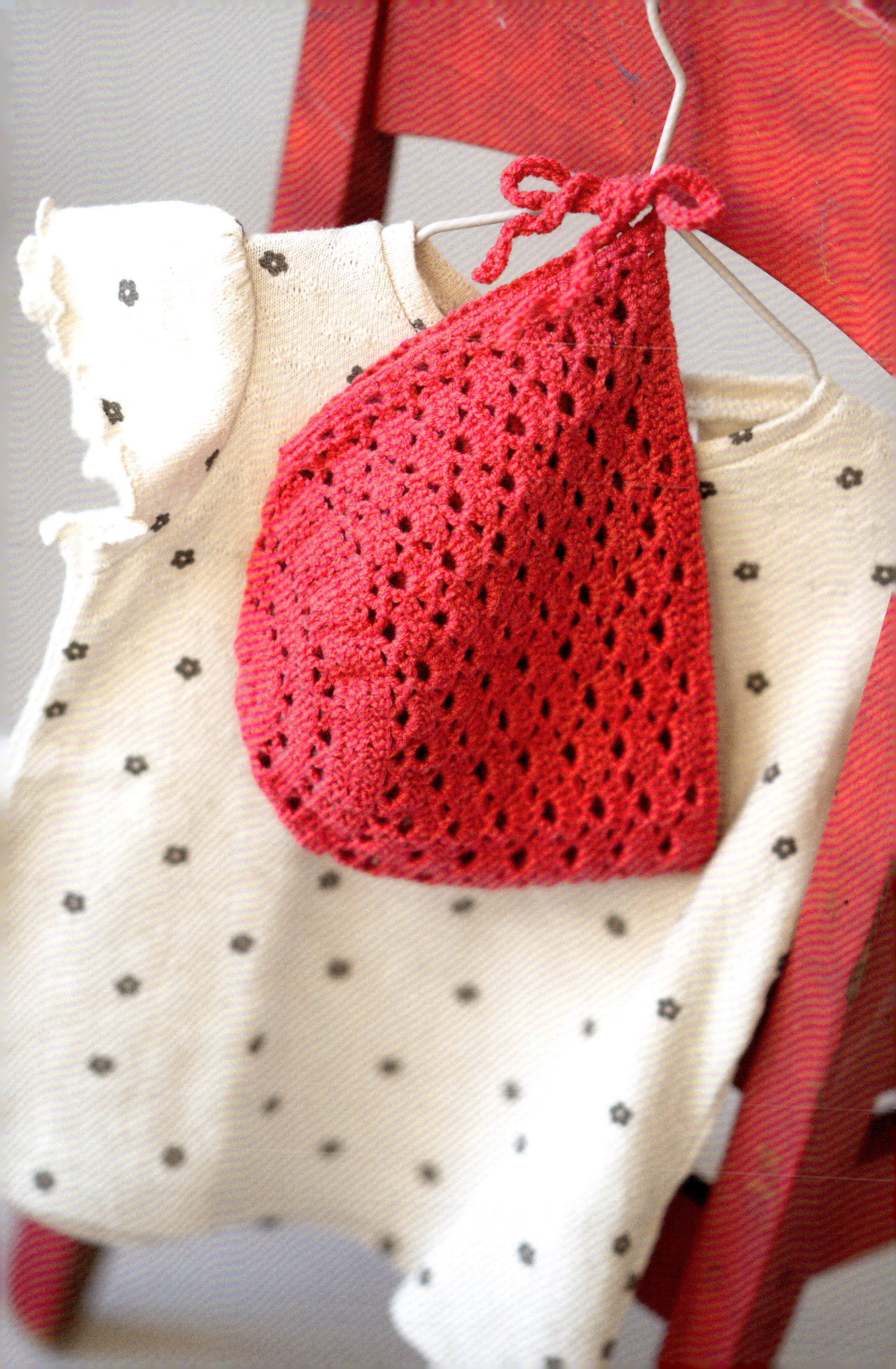

4. Runde: 3 Luftmaschen, 1 Stäbchen in das folgende Stäbchen, dann um jeden Luftmaschen-Bogen der Vor-Runde 3 Stäbchen und in die beiden oben zusammenlaufenden Stäbchen je 1 Stäbchen arbeiten, am Rundenende nur 2 Stäbchen in den letzten Luftmaschen-Bogen, mit 1 Kettmasche in die oberste Ersatz-Luftmasche zur Runde schließen = 54 Stäbchen.
5. Runde: 3 Luftmaschen, 2 Maschen überspringen, * (1 Stäbchen, 3 Luftmaschen, 1 Stäbchen) in dieselbe Masche, 2 Maschen überspringen, ab * 17x arbeiten, 3 Luftmaschen, mit 1 Kettmasche in die oberste Ersatz-Luftmasche zur Runde schließen.
6. Runde: 3 Luftmaschen, 1 Stäbchen in das folgende Stäbchen, um jeden Luftmaschen-Bogen der Vor-Runde 3 Stäbchen und in die beiden oben zusammenlaufenden Stäbchen je 1 Stäbchen arbeiten, mit 1 Kettmasche in die oberste Ersatz-Luftmasche zur Runde schließen = 90 Stäbchen.

Für Größe 62/68 und 74/80 noch:

7. Runde: 3 Luftmaschen, 1 Stäbchen in die gleiche Masche, 14 Stäbchen, * 2 Stäbchen in 1 Masche, 14 Stäbchen, ab * 5x arbeiten, mit 1 Kettmasche in die oberste Ersatz-Luftmasche zur Runde schließen = 96 Stäbchen.

Und für Größe 74/80 noch:

8. Runde: 3 Luftmaschen, 1 Stäbchen in die gleiche Masche, 15 Stäbchen, * 2 Stäbchen in 1 Masche, 15 Stäbchen, ab * 5x arbeiten, mit 1 Kettmasche in die oberste Ersatz-Luftmasche zur Runde schließen = 102 Stäbchen.

Nun für alle Größen: Die Arbeit wenden und in Reihen weiterarbeiten. Nun 11 (12/13) cm = 13 (14/16) Reihen im Muschelmuster arbeiten, dabei in der 1. Reihe die letzte Masche unbearbeitet lassen (am Reihenende 1 Masche weniger überspringen/die letzten 5 Maschen überspringen) = 89 (95/95) Maschen. Anschließend noch 1 Reihe Stäbchen arbeiten, dabei um jeden Luftmaschenbogen jeweils 3 Stäbchen und um jedes Stäbchen je 1 Stäbchen arbeiten. Dann die Arbeit beenden.

Fertigstellung: Für die Bänder in der linken unteren Ecke in der jeweiligen Farbe anschlingen, eine 20 (22/24) cm lange Luftmaschenkette anschlagen, die Arbeit wenden und in diese Luftmaschenkette feste Maschen häkeln. Dann den unteren Mützenrand mit festen Maschen umhäkeln und anschließend für das 2. Band wieder eine 20 (22/24) cm lange Luftmaschenkette anschlagen, die Arbeit wenden und in diese Luftmaschenkette feste Maschen häkeln und mit 1 Kettmasche in die rechte untere Ecke enden. Dann die Arbeit beenden.

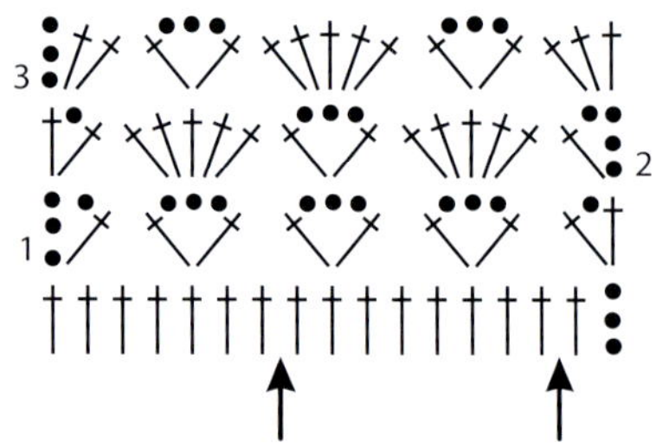

Zeichenerklärung:

● = 1 Luftmasche

† = 1 Stäbchen

Laufen die Zeichen unten zusammen, werden die Maschen in dieselbe Einstichstelle gehäkelt.

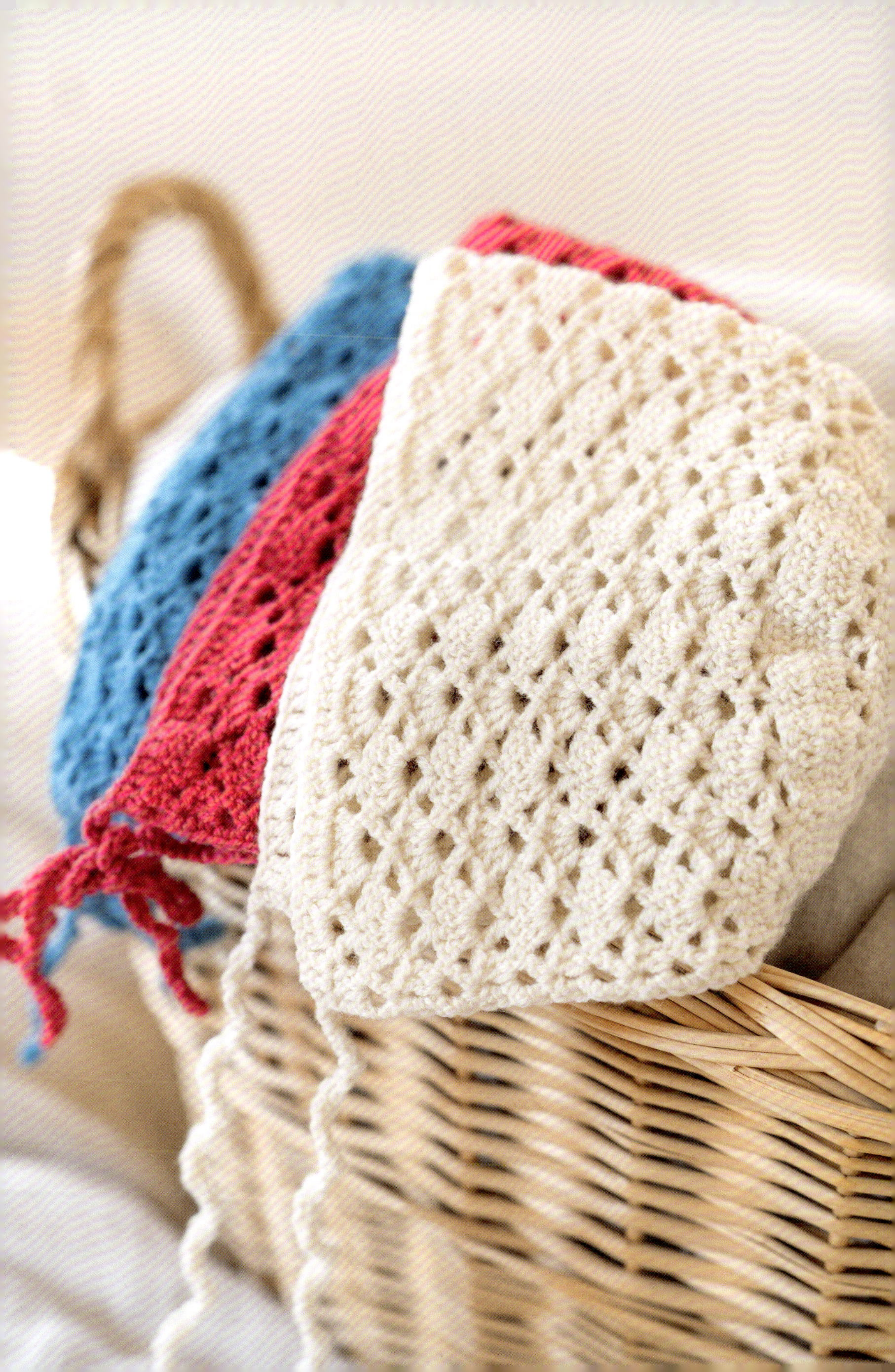

Ylva

Schwierigkeitsgrad: mittel

Größe: 62/68, 74/80 und 86/92
Die Angaben für die größere Größe stehen hintereinander in Klammern. Steht nur eine Angabe, so gilt diese für alle Größen.

Material:

- Merino Cotton (52 % Schurwolle, 48 % Baumwolle, LL = 120 m/50 g) von Junghans Wolle: pro Mütze je 50 g Pastellpink (Fb 113-916-29), Silber (Fb 105-239-29) oder Ozean (Fb 125-365-29) sowie für alle Varianten 50 g Natur (241-133-29); Häkelnadel 4 mm.

Muster:

Feste Maschen in Runden: Feste Maschen häkeln, dabei jede Runde mit 1 Luftmasche beginnen. Diese Masche dient nur zum Aufsteigen in die nächste Runde und trägt nicht zur Maschenzahl bei. Daher am Runden-Ende mit 1 Kettmasche in die 1. feste Masche zur Runde schließen und anders als bei anderen Maschenarten nicht in die Steige-Luftmasche einstechen.

Stäbchen in Runden: Stäbchen häkeln, dabei jede Runde mit 3 Luftmaschen als Ersatz für das 1. Stäbchen beginnen und mit 1 Kettmasche in die oberste Ersatz-Luftmasche zur Runde schließen.

Muschelmuster: Maschenzahl teilbar durch 4 + 1.
Laut Häkelschrift arbeiten. Mit den Maschen vor dem rechten Pfeil beginnen, den Rapport von 4 Maschen zwischen den Pfeilen stets wiederholen und mit den Maschen nach dem linken Pfeil enden.
1x die 1. – 3. Reihe, dann 4x die 2. – 3. Reihe arbeiten und danach 1x die 12. R arbeiten.

Maschenproben:

Stäbchen: 19 Stäbchen und 10 Runden = 10 cm x 10 cm.
Muschelmuster: 5 Rapporte und 10 Reihen = 10 cm x 10 cm.

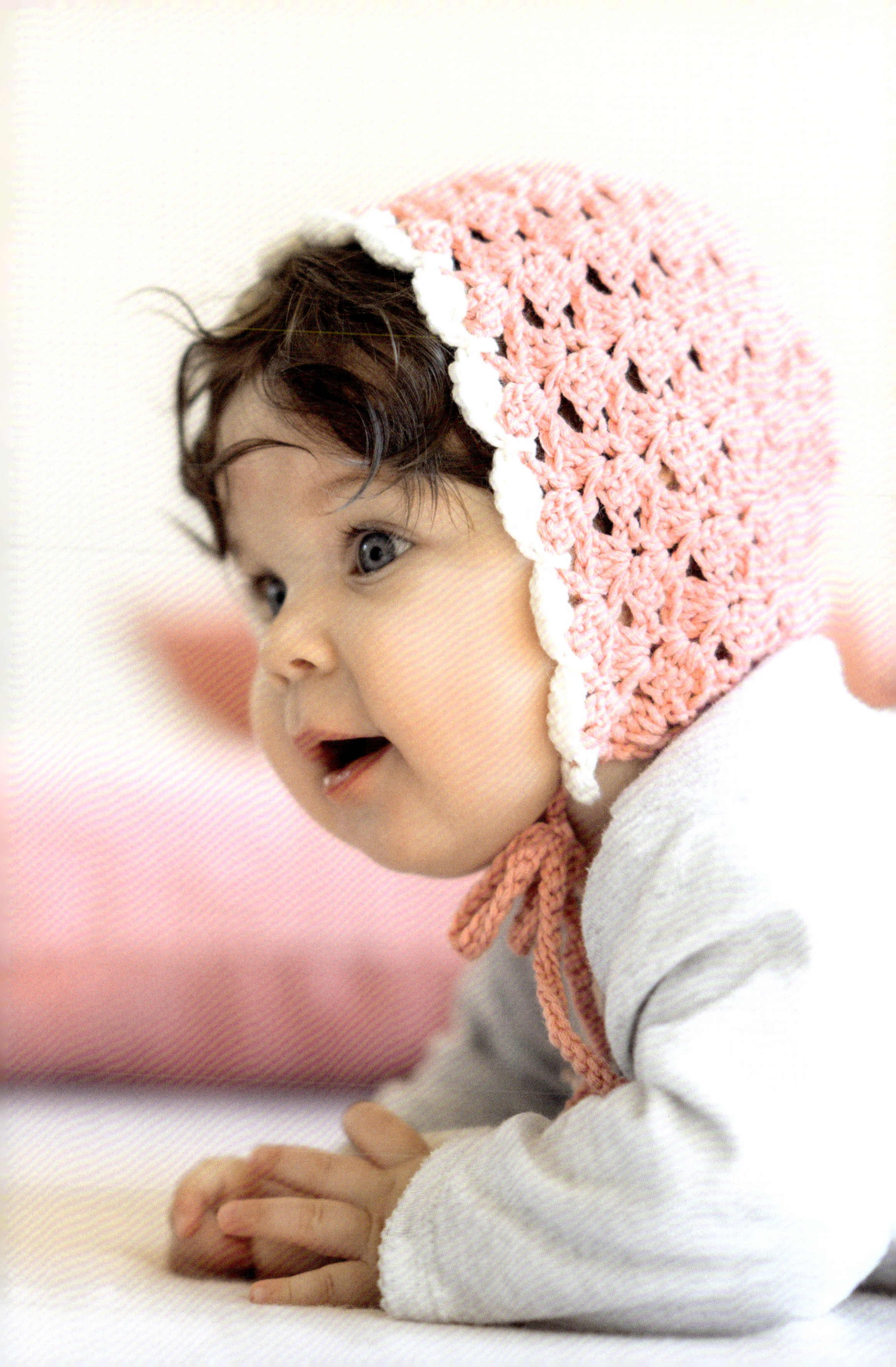

Ylva

So wird's gemacht:

Um einen verstellbaren Fadenring in Pastellpink, Silber oder Ozean 8 feste Maschen häkeln.

1. Runde: 3 Luftmaschen (= 1. Stäbchen), 1 Stäbchen in dieselbe Masche, dann stets 2 Stäbchen in 1 Masche, mit 1 Kettmasche in die oberste Ersatz-Luftmasche zur Runde schließen = 16 Stäbchen.

2. Runde: Wie die 1. Runde arbeiten = 32 Stäbchen.

3. Runde: 3 Luftmaschen, 2 Stäbchen in 1 Masche, * 1 Stäbchen, 2 Stäbchen in 1 Masche, ab * 15x arbeiten, mit 1 Kettmasche in die 1. feste Masche zur Runde schließen = 48 Stäbchen.

Nur für Größe 62/68:

4. Runde: 3 Luftmaschen, 1 Stäbchen, 2 Stäbchen in 1 Masche, 2 Stäbchen, 2 Stäbchen in 1 Masche, * 2 Stäbchen, 2 Stäbchen in 1 Masche, 3 Stäbchen, 2 Stäbchen in 1 Masche, ab * 6x arbeiten, mit 1 Kettmasche in die 1. feste Masche zur Runde schließen = 62 Stäbchen.

Nur für Größe 74/80:

4. Runde: 3 Luftmaschen, * 1 Stäbchen, 2 Stäbchen in 1 Masche, 2 Stäbchen, 2 Stäbchen in 1 Masche, ab * 8x arbeiten, [2 Stäbchen, 2 Stäbchen in 1 Masche] 2x, 1 Stäbchen, mit 1 Kettmasche in die 1. feste Masche zur Runde schließen = 66 Stäbchen.

Nur für Größe 86/92:

4. Runde: 3 Luftmaschen, 1 Stäbchen, 2 Stäbchen in 1 Masche, * 2 Stäbchen, 2 Stäbchen in 1 Masche, ab * 15x arbeiten, mit 1 Kettmasche in die 1. feste Masche zur Runde schließen = 64 Stäbchen.

5. Runde: 3 Luftmaschen, 12 Stäbchen, 2 Stäbchen in 1 Masche, * 9 Stäbchen, 2 Stäbchen in 1 Masche, ab * 5x arbeiten, mit 1 Kettmasche in die 1. feste Masche zur Runde schließen = 70 Stäbchen.

Nun für alle Größen 12 Reihen im Muschelmuster arbeiten, dabei die letzte Reihe in Natur häkeln. Dann die Arbeit beenden.

Fertigstellung: Für die Bänder in die unteren Ecken mit Pastellpink, Silber oder Ozean je eine 24 (26/28) cm lange Luftmaschenkette anschlagen und darauf 1 Reihe Kettmaschen häkeln.

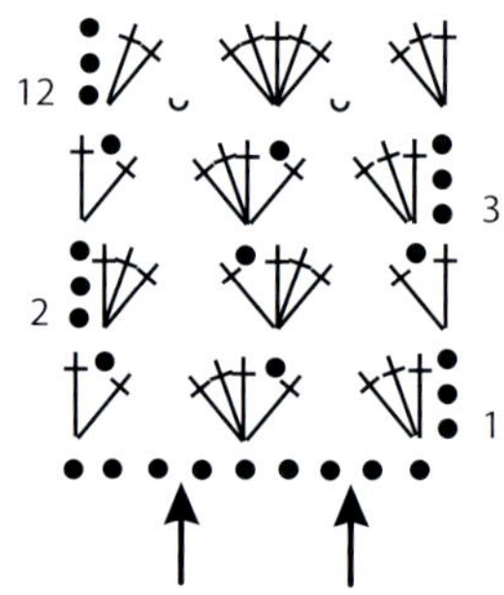

Zeichenerklärung:

● = 1 Luftmasche

◡ = 1 Kettmasche

† = 1 Stäbchen

Laufen die Zeichen unten zusammen, werden die Maschen in dieselbe Einstichstelle gehäkelt.

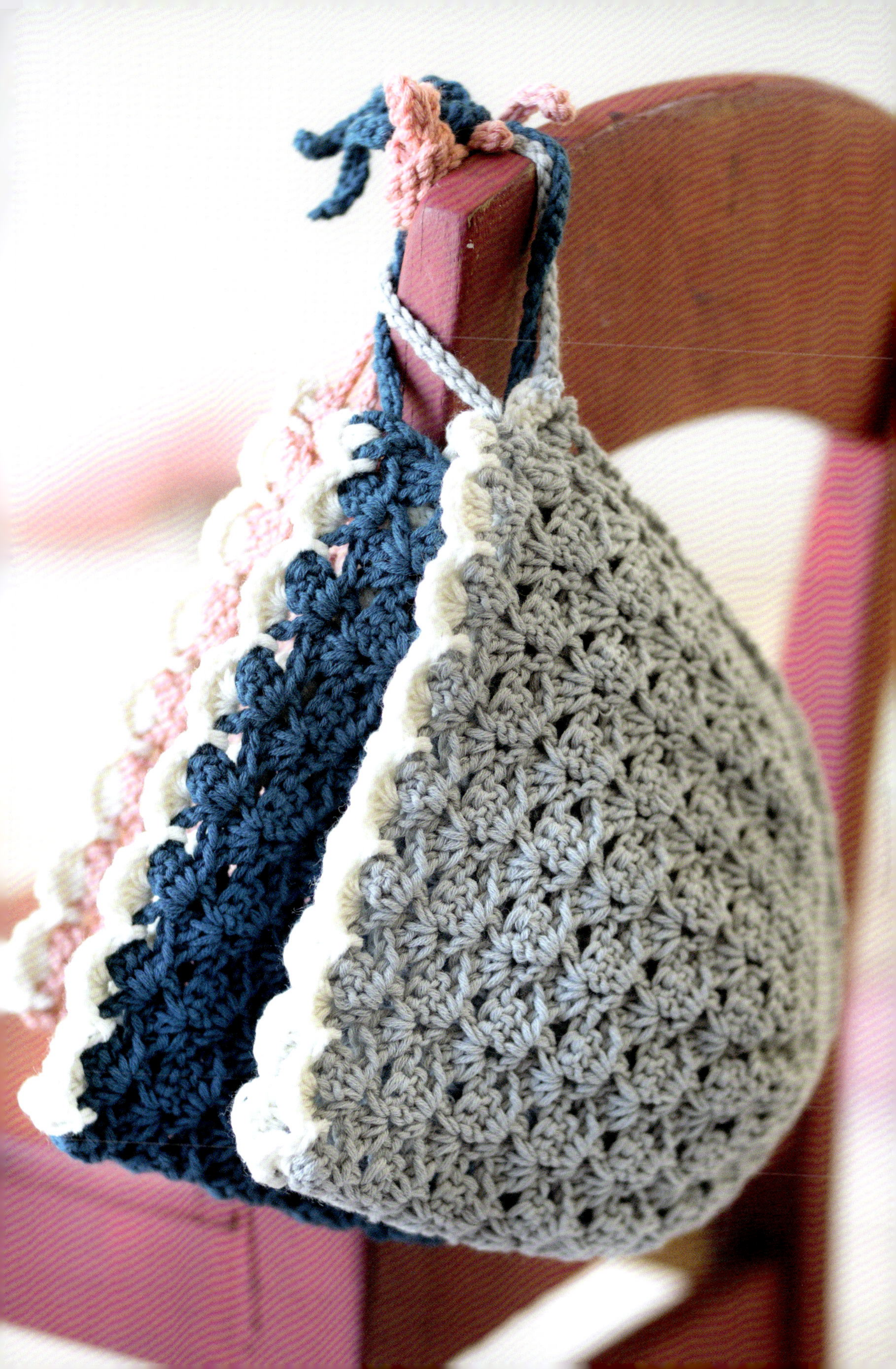

Randi

Schwierigkeitsgrad: schwierig

Größe:
50/56, 68/74 und 86/92

Die Angaben für die größere Größe stehen hintereinander in Klammern. Steht nur eine Angabe, so gilt diese für alle Größen.

Material:

- Golf (100 % Baumwolle, LL = 125 m/50 g) von Lang Yarns: pro Mütze je 50 (50/100) g Weiß (Fb 0001), Blau (Fb 0033) oder Altrosa (Fb 0048); Häkelnadel 3 mm; 50 (60/70) cm langes farblich passendes Satinband, 1 cm breit.

Muster:

Feste Maschen: Jede Reihe mit 1 Luftmasche beginnen. Diese Masche dient lediglich zum Aufsteigen in die neue Reihe und trägt nichts zur Maschenzahl bei.

Muschelmuster: Maschenzahl teilbar durch 12 + 1.

Laut Häkelschrift arbeiten. In Hinreihen mit den Maschen vor dem rechten Pfeil beginnen, den Rapport von 10 Maschen zwischen den Pfeilen stets wiederholen und mit den Maschen nach dem linken Pfeil enden.

1x die 1. – 5. Reihe, dabei ist die 1. Reihe eine Rückreihe. Dann die 2. – 5. Reihe stets wiederholen.

Maschenproben:

Feste Maschen: 24 Maschen und 25 Reihen = 10 cm x 10 cm.

Muschelmuster: 26,5 Maschen und 11 Reihen = 10 cm x 10 cm.

So wird's gemacht:

17 (23/29) Luftmaschen in der jeweiligen Farbe anschlagen.

1. Reihe: 1 Luftmasche, 16 (22/28) feste Maschen, 3 feste Maschen in die letzte Luftmasche, die Arbeit um 180° drehen und auf der Unterseite der Luftmaschen-Kette weiterarbeiten, 16 (22/28) feste Maschen = 35 (47/59) feste Maschen.

2. Reihe: 1 Luftmasche, 16 (22/28) feste Maschen, 3x je 2 feste Masche in 1 Masche, 16 (22/28) feste Maschen = 38 (50/62) feste Maschen.

3. Reihe: 1 Luftmasche, 16 (22/28) feste Maschen, 2 feste Masche in 1 Masche, 1 feste Masche, 2x je 2 feste Maschen in 1 Masche, 1 feste Masche, 2 feste Maschen in 1 Masche, 16 (22/28) feste Maschen = 42 (54/66) feste Maschen.

4. Reihe: 1 Luftmasche, 16 (22/28) feste Maschen, 2 feste Maschen in 1 Masche, 3 feste Maschen, 2x je 2 feste Maschen in 1 Masche, 3 feste Maschen, 2 feste Maschen in 1 Masche, 16 (22/28) feste Maschen = 46 (58/70) feste Maschen.

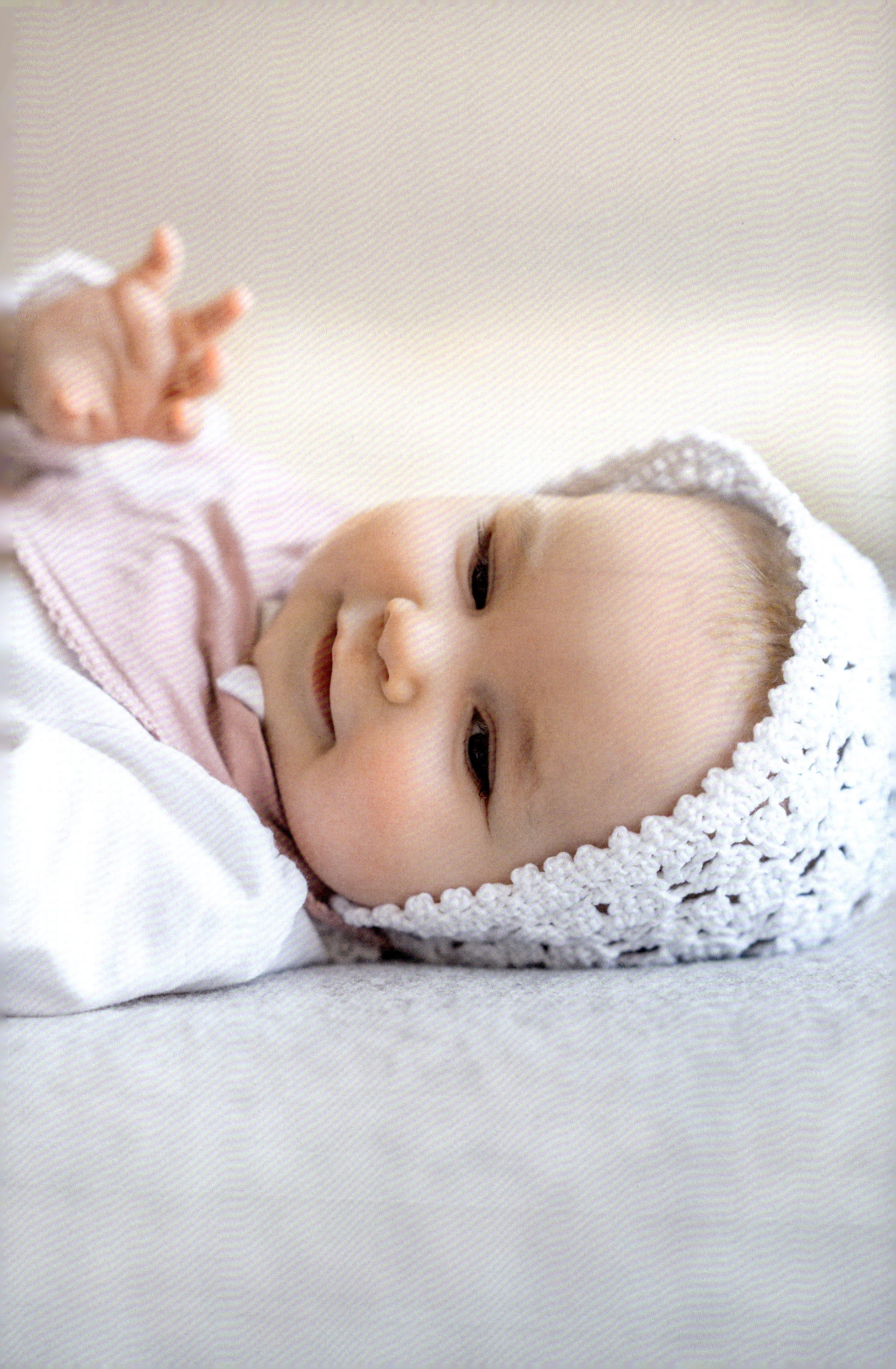

Randi

5. Reihe: 1 Luftmasche, 16 (22/28) feste Maschen, [2 feste Masche in 1 Masche, 2 feste Maschen] 2x, 2x je 2 feste Maschen in 1 Masche, [2 feste Maschen, 2 feste Maschen in 1 Masche] 2x, 16 (22/28) feste Maschen = 52 (64/76) feste Maschen.
6. Reihe: 1 Luftmasche, 16 (22/28) feste Maschen, 2 halbe Stäbchen in 1 Masche, 4 halbe Stäbchen, 2 halbe Stäbchen in 1 Masche, 3 halbe Stäbchen, 2x je 2 halbe Stäbchen in 1 Masche, 3 halbe Stäbchen, 2 halbe Stäbchen in 1 Masche, 4 halbe Stäbchen, 2 halbe Stäbchen in 1 Masche, 16 (22/28) feste Maschen = 58 (70/82) Maschen.
7. Reihe: 1 Luftmasche, 10 (14/18) feste Maschen, 6 (8/10) halbe Stäbchen, [2 halbe Stäbchen in 1 Masche, 3 halbe Stäbchen] 3x, 2x je 2 halbe Stäbchen in 1 Masche, [3 halbe Stäbchen, 2 halbe Stäbchen in 1 Masche] 3x, 6 (8/10) halbe Stäbchen, 10 (14/18) feste Maschen = 66 (78/90) Maschen.
8. Reihe: 1 Luftmasche, 16 (22/28) halbe Stäbchen, [2 Stäbchen in 1 Masche, 4 Stäbchen] 3x, 2 Stäbchen in 1 Masche, 2 zusammen abgemaschte Stäbchen, 2 Stäbchen in 1 Masche, [4 Stäbchen, 2 Stäbchen in 1 Masche] 3x, 16 (22/28) halbe Stäbchen = 73 (85/97) Maschen.

Nun 11 (13/15) Reihen im Muschelmuster arbeiten. Danach noch 1 Reihe Stäbchen und 1 Reihe 1 Kettmasche und 1 Pikot (= 3 Luftmaschen, 1 Kettmasche in die 1. Luftmasche) im Wechsel arbeiten. Dann die Arbeit beenden.

Fertigstellung: Den unteren Mützenrand in der jeweiligen Farbe noch mit 1 Reihen Stäbchen, dann 1 Reihe 1 Kettmasche und 1 Pikot (= 3 Luftmaschen, 1 Kettmasche in die 1. Luftmasche) im Wechsel umhäkeln. Anschließend das Satinband einziehen.

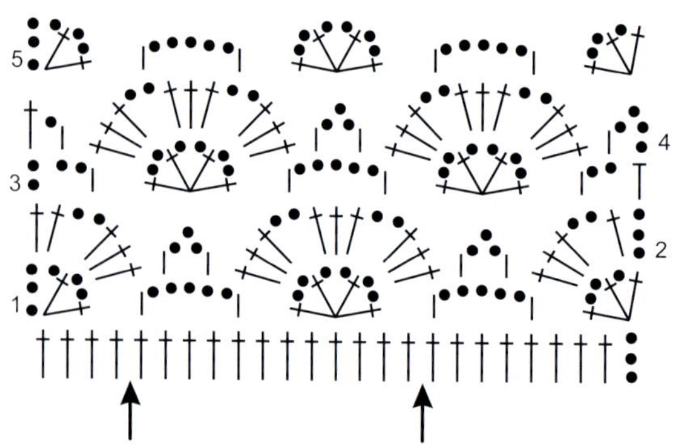

Zeichenerklärung:

- • = 1 Luftmasche
- | = 1 feste Masche
- T = 1 halbes Stäbchen
- † = 1 Stäbchen

Laufen die Zeichen unten zusammen, werden die Maschen in dieselbe Einstichstelle gehäkelt.

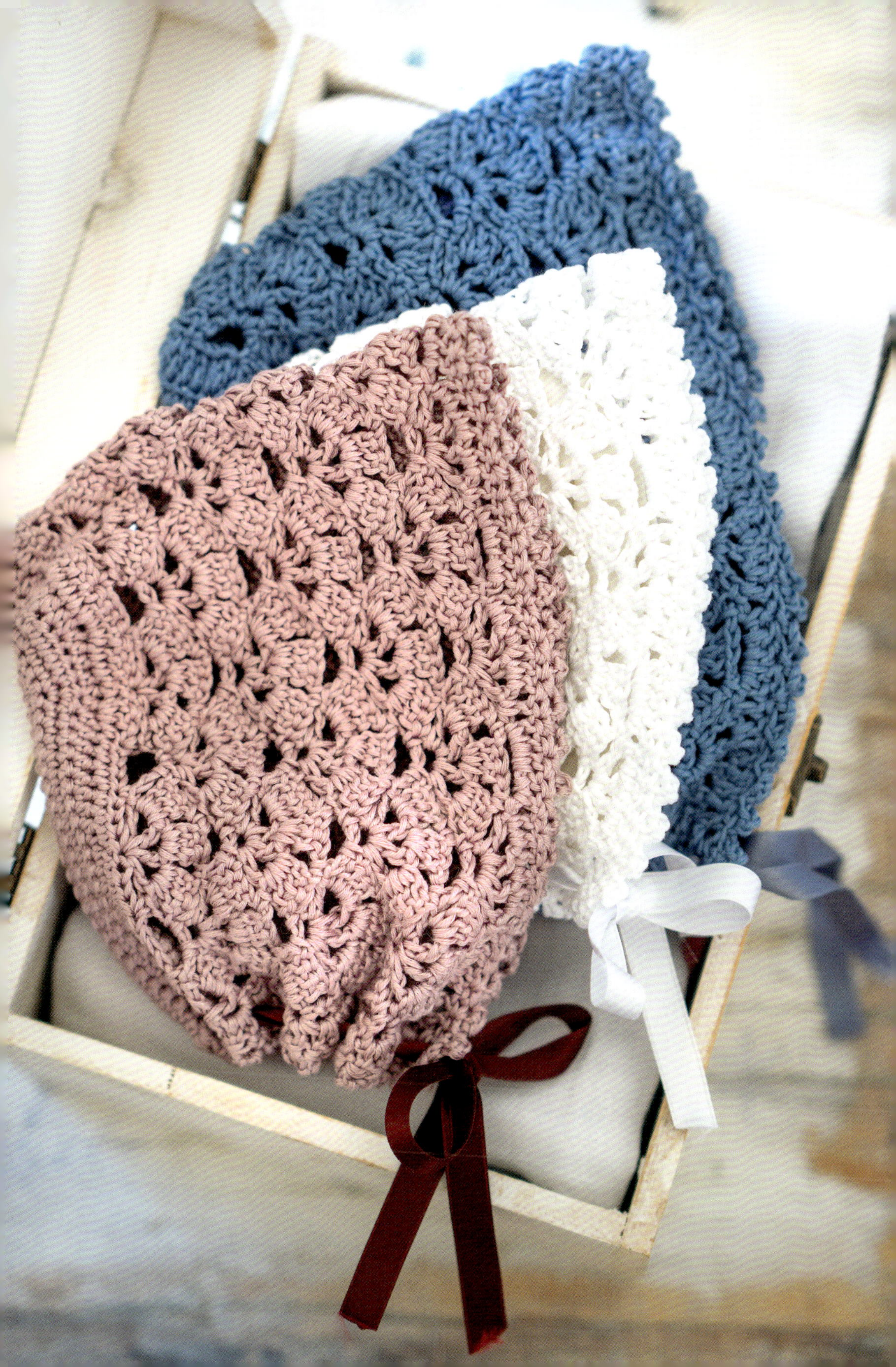

Mads

Schwierigkeitsgrad: mittel

Größe: 50/56, 62/68 und 74/80
Die Angaben für die größere Größe stehen hintereinander in Klammern. Steht nur eine Angabe, so gilt diese für alle Größen.

Material:

- Linie 16 Starwool Light (100 % Schurwolle, LL = 160 m/50 g) von ONline: pro Mütze je 50 (50/100) g Mint (Fb 48), Reseda (Fb 56) oder Dunkelgrau (Fb 106); Häkelnadel 3 mm; 50 (60/70) cm langes farblich passendes Satinband, 1 cm breit.

Muster:

Feste Maschen: Jede Reihe mit 1 Luftmasche beginnen. Diese Masche dient lediglich zum Aufsteigen in die neue Reihe und trägt nichts zur Maschenzahl bei.

Muschelmuster: Maschenzahl teilbar durch 6 + 1.
Laut Häkelschrift arbeiten. Mit den Maschen vor dem rechten Pfeil beginnen, den Rapport von 6 Maschen zwischen den Pfeilen stets wiederholen und mit den Maschen nach dem linken Pfeil enden.
1x die 1. – 3. Reihe arbeiten, dann die 2. und 3. Reihe stets wiederholen.

Maschenproben:

Feste Maschen: 26 Stäbchen und 28 Reihen = 10 cm x 10 cm.
Muschelmuster: 4 Rapporte und 5 Reihen = 9 cm x 4 cm.

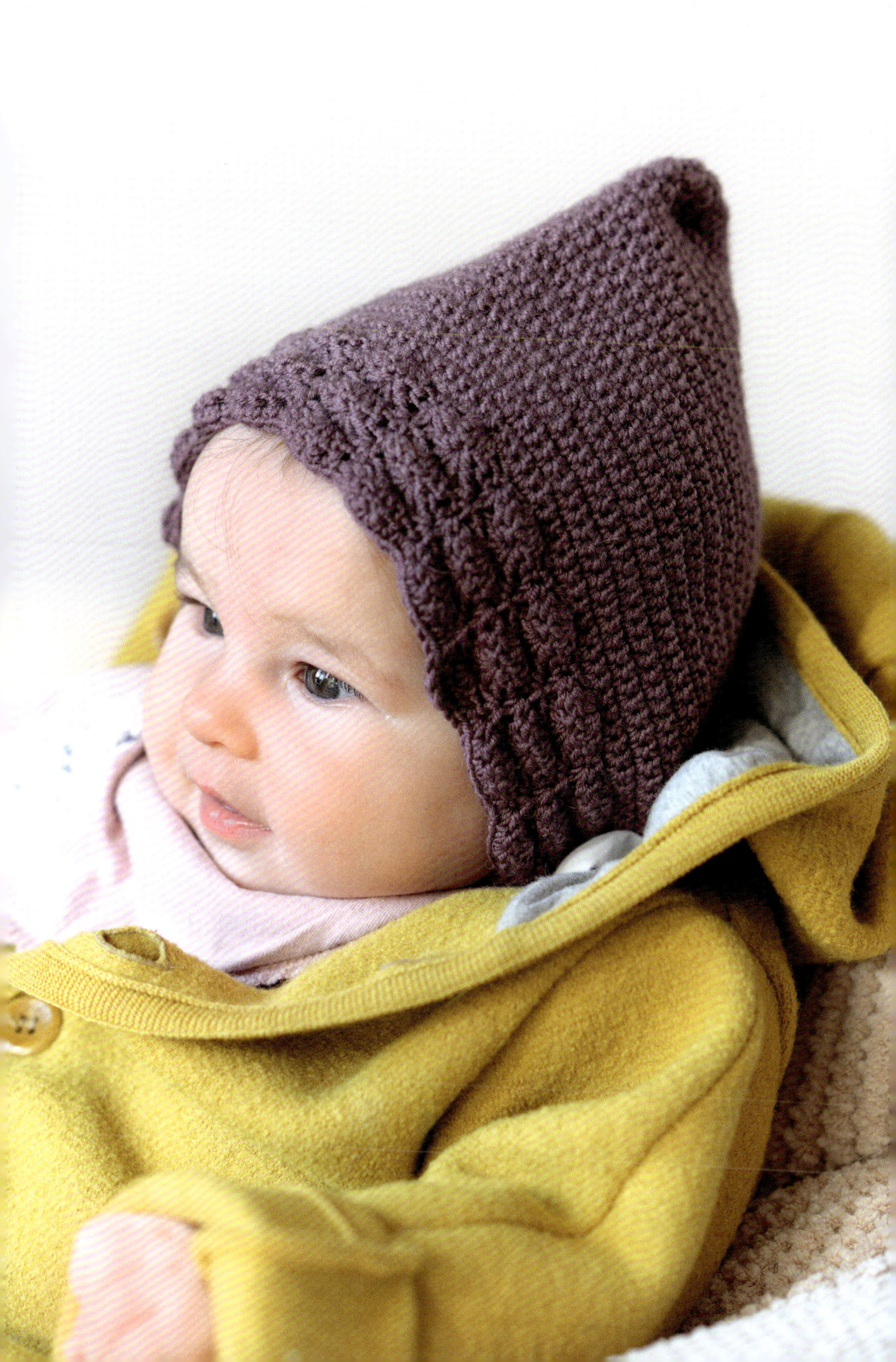

Mads

So wird's gemacht:

29 (32/35) Luftmaschen in der jeweiligen Farbe anschlagen.

1. Reihe: 1 Luftmasche, 28 (31/34) feste Maschen, 3 feste Maschen in die letzte Luftmasche, die Arbeit um 180° drehen und auf der Unterseite der Luftmaschen-Kette weiterarbeiten, 28 (31/34) feste Maschen = 59 (65/71) feste Maschen.

2. Reihe: 1 Luftmasche, 28 (31/34) feste Maschen, 2 feste Maschen in 1 Masche, 3 feste Maschen in 1 Masche, 2 feste Maschen in 1 Masche, 28 (31/34) feste Maschen = 63 (69/75) feste Maschen.

3. Reihe: 1 Luftmasche, 28 (31/34) feste Maschen, 2 feste Maschen in 1 Masche, 2 feste Maschen, 2 feste Maschen in 1 Masche, 1 feste Masche, 2 feste Maschen in 1 Masche, 2 feste Maschen, 2 feste Maschen in 1 Masche = 67 (73/79) feste Maschen.

Nun ohne Zunahmen weiter feste Maschen arbeiten. Nach 8,5 (9,5/10,5) cm = 24 (27/29) Reihen ab Anschlag 5 Reihen im Muschelmuster häkeln, dann Arbeit beenden.

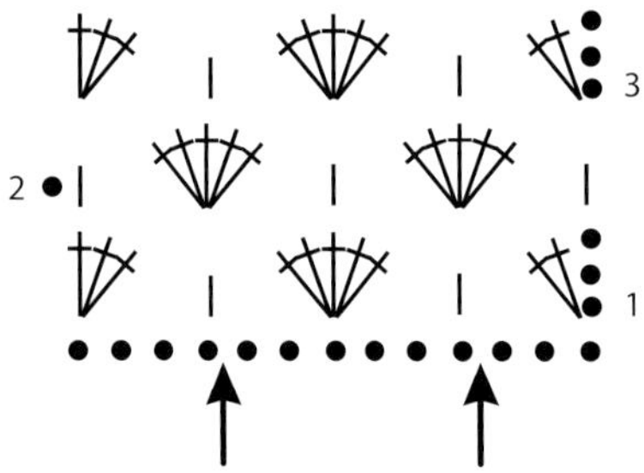

Fertigstellung: Den seitlichen Mützenrand in der jeweiligen Farbe mit 1 Reihe feste Maschen, dann 1 Reihe Stäbchen umhäkeln. In der folgenden Reihe wie folgt arbeiten: 1 Luftmasche, * 1 Kettmasche, mit 3 Luftmaschen 2 Maschen überspringen, ab * stets wiederholen und mit 1 Kettmasche enden. Anschließend das Satinband einziehen.

Zeichenerklärung:

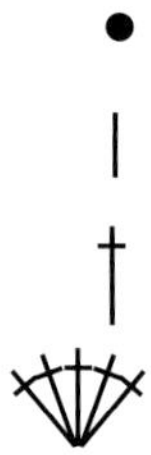

= 1 Luftmasche

= 1 feste Masche

= 1 Stäbchen

= 5 Stäbchen in 1 Einstichstelle

Laufen die Zeichen unten zusammen, werden die Maschen in dieselbe Einstichstelle gehäkelt.

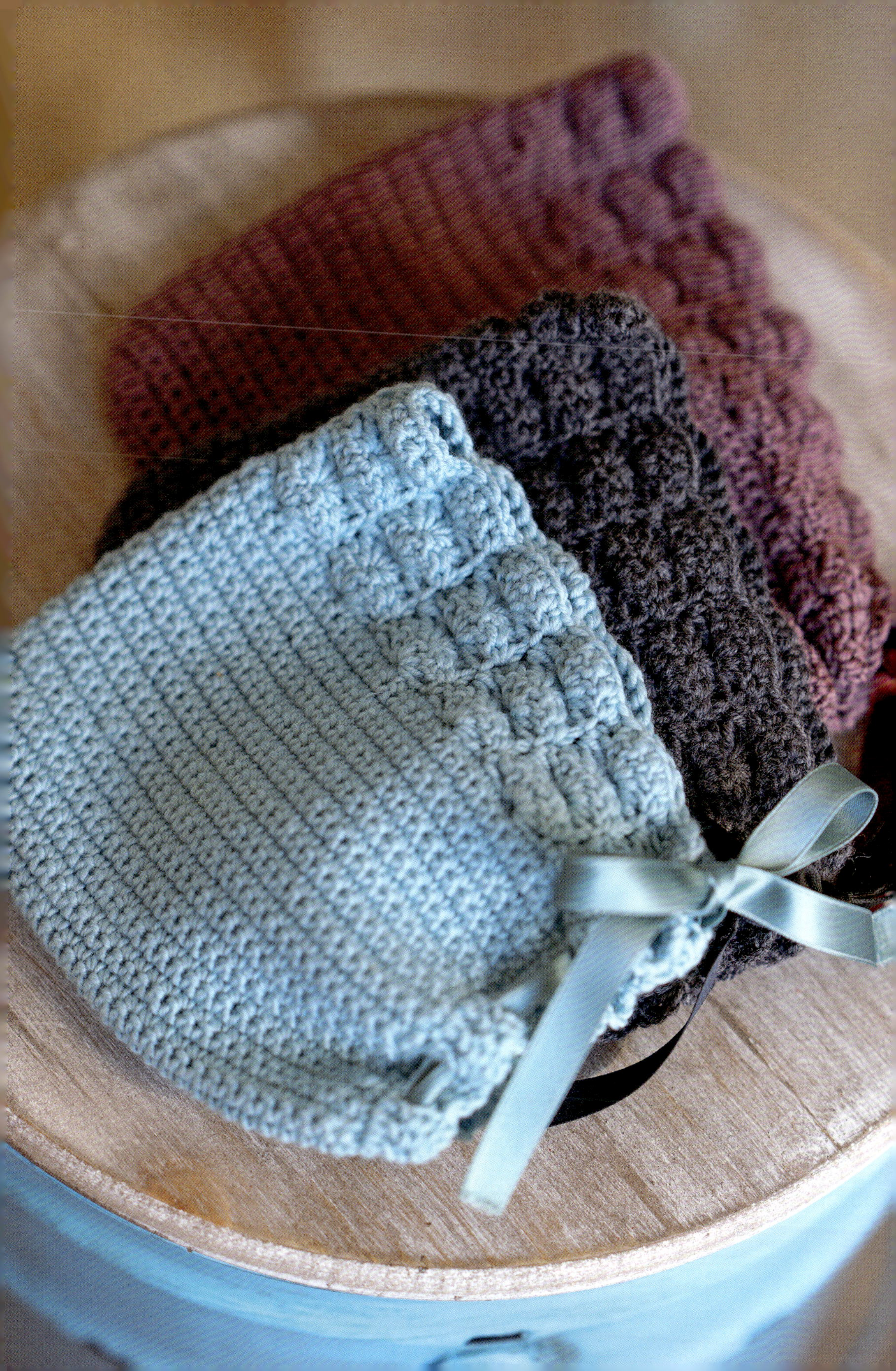

Ebba

Schwierigkeitsgrad: schwierig

Größe: 62/68, 74/80 und 86/92
Die Angaben für die größere Größe stehen hintereinander in Klammern. Steht nur eine Angabe, so gilt diese für alle Größen.

Material:

- Merino 160 exp Color (100 % Schurwolle, LL = 160 m/50 g) von Austermann: pro Mütze je 100 g Borke (Fb 1217), Granat (Fb 1213) oder Denim (Fb 1214); Häkelnadel 3,5 mm.

Muster:

Feste Maschen in Runden: Feste Maschen häkeln, dabei jede Runde mit 1 Luftmasche beginnen. Diese Masche dient nur zum Aufsteigen in die nächste Runde und trägt nicht zur Maschenzahl bei. Daher am Runden-Ende mit 1 Kettmasche in die 1. feste Masche zur Runde schließen und anders als bei anderen Maschenarten nicht in die Steige-Luftmasche einstechen.

Stäbchen in Runden: Stäbchen häkeln, dabei jede Runde mit 3 Luftmaschen als Ersatz für das 1. Stäbchen beginnen und mit 1 Kettmasche in die oberste Ersatz-Luftmasche zur Runde schließen.

Flechtmuster: Maschenzahl teilbar durch 4 + 4. Laut Häkelschrift arbeiten.
1x die 1. – 6. Reihe arbeiten, dann die 3. – 6. Reihe stets wiederholen.

Relief-Doppel-Stäbchen: Bei Relief-Doppel-Stäbchen nicht in die Masche der Vor-Reihe einstechen, sondern die Nadel um die senkrechten Glieder der Vor-Reihe (bzw. 1 Reihe tiefer) führen, ohne in die Masche einzustechen. Die Nadel von vorne nach hinten und wieder nach vorne geführt, ergibt sich ein vorne gearbeitetes Relief-Doppel-Stäbchen, die Nadel umgekehrt von hinten nach vorne und wieder nach hinten geführt, entsteht ein von hinten gearbeitetes Relief-Doppel-Stäbchen.

Maschenprobe:

Flechtmuster: 24 Maschen und 22,5 Reihen = 10 cm x 10 cm.

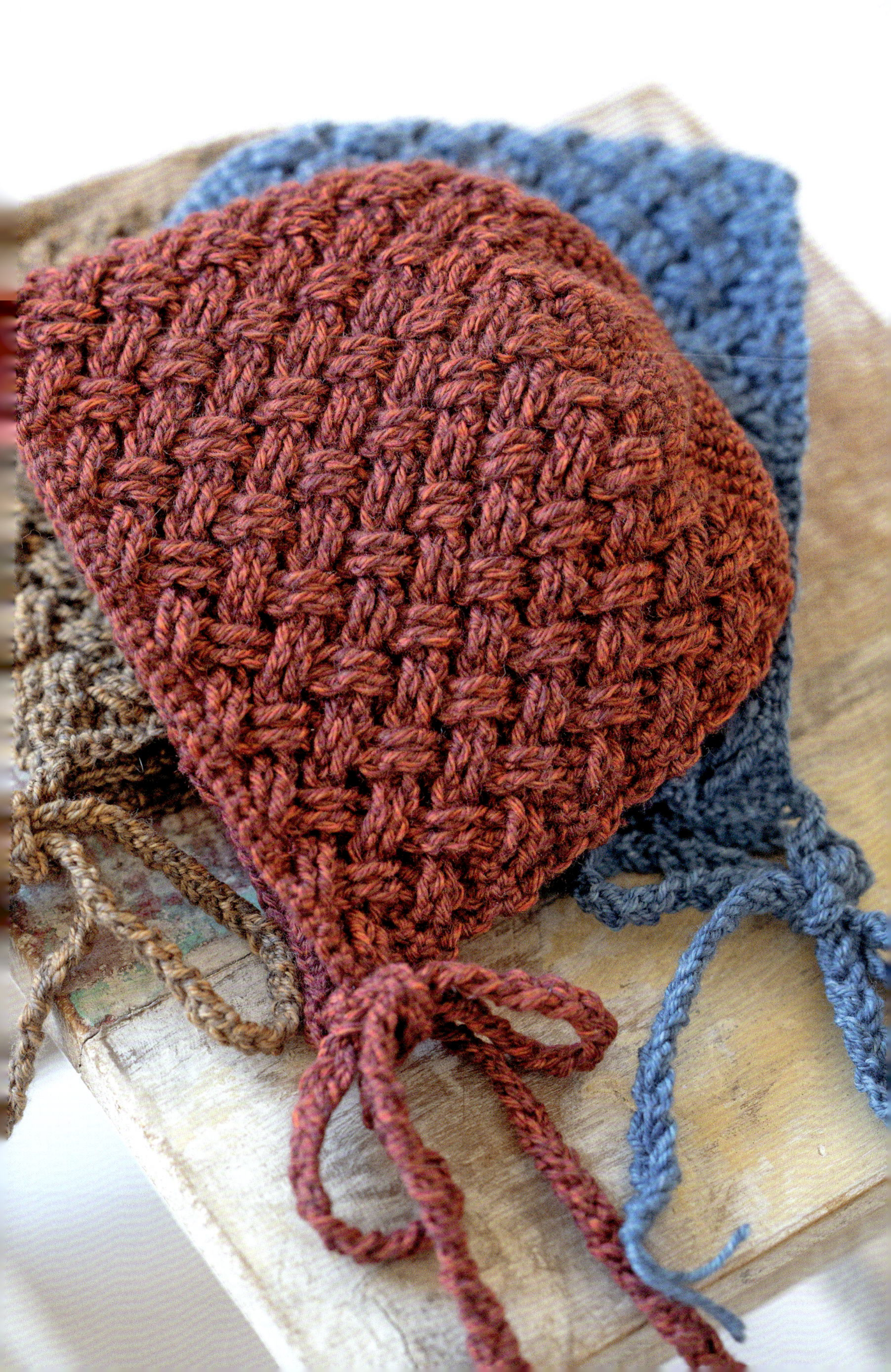

Ebba

So wird's gemacht:

Um einen verstellbaren Fadenring in der jeweiligen Farbe 8 feste Maschen häkeln.

1. Runde: 1 Luftmasche zum Aufsteigen in die Runde, stets 2 feste Maschen in 1 Masche, mit 1 Kettmasche in die 1. feste Masche zur Runde schließen = 16 feste Maschen.

2. Runde: 1 Luftmasche, * 1 feste Masche, 2 feste Maschen in 1 Masche, ab * 8x arbeiten, mit 1 Kettmasche in die 1. feste Masche zur Runde schließen = 24 feste Maschen.

3. Runde: 1 Luftmasche, * 2 feste Maschen, 2 feste Maschen in 1 Masche, ab * 8x arbeiten, mit 1 Kettmasche in die 1. feste Masche zur Runde schließen = 32 feste Maschen.

4. Runde: 1 Luftmasche, * 3 feste Maschen, 2 feste Maschen in 1 Masche, ab * 8x arbeiten, mit 1 Kettmasche in die 1. feste Masche zur Runde schließen = 40 feste Maschen.

5. Runde: 1 Luftmasche, * 4 feste Maschen, 2 feste Maschen in 1 Masche, ab * 8x arbeiten, mit 1 Kettmasche in die 1. feste Masche zur Runde schließen = 48 feste Maschen.

6. Runde: 1 Luftmasche, * 5 feste Maschen, 2 feste Maschen in 1 Masche, ab * 8x arbeiten, mit 1 Kettmasche in die 1. feste Masche zur Runde schließen = 56 feste Maschen.

7. Runde: 1 Luftmasche, * 6 feste Maschen, 2 feste Maschen in 1 Masche, ab * 8x arbeiten, mit 1 Kettmasche in die 1. feste Masche zur Runde schließen = 64 feste Maschen.

Nur für Größe 62/68:

8. Runde: 3 Luftmaschen (= 1. Stäbchen), 6 Stäbchen, 2 Stäbchen in 1 Masche, * 7 Stäbchen, 2 Stäbchen in 1 Masche, ab * 7x arbeiten, mit 1 Kettmasche in die oberste Ersatz-Luftmasche zur Runde schließen = 72 Stäbchen.

Nur für Größe 74/80:

8. Runde: 1 Luftmasche, * 7 feste Maschen, 2 feste Maschen in 1 Masche, ab * 8x arbeiten, mit 1 Kettmasche in die 1. feste Masche zur Runde schließen = 72 feste Maschen.

9. Runde: 3 Luftmaschen (= 1. Stäbchen), 16 Stäbchen, 2 Stäbchen in 1 Masche, * 17 Stäbchen, 2 Stäbchen in 1 Masche, ab * 3x arbeiten, mit 1 Kettmasche in die oberste Ersatz-Luftmasche zur Runde schließen = 76 Stäbchen.

Nur für Größe 86/92:

8. Runde: 1 Luftmasche, * 7 feste Maschen, 2 feste Maschen in 1 Masche, ab * 8x arbeiten, mit 1 Kettmasche in die 1. feste Masche zur Runde schließen = 72 feste Maschen.

9. Runde: 3 Luftmaschen (= 1. Stäbchen), 7 Stäbchen, 2 Stäbchen in 1 Masche, * 8 Stäbchen, 2 Stäbchen in 1 Masche, ab * 7x arbeiten, mit 1 Kettmasche in die oberste Ersatz-Luftmasche zur Runde schließen = 80 Stäbchen.

Nun für alle Größen 10,5 (11,5/12,5) cm = 25 (27/29) Reihen im Flechtmuster arbeiten. Dann die Arbeit beenden.

Fertigstellung: Für die beiden Bänder je 3 Luftmaschenketten à 30 cm in der jeweiligen Farbe in die unteren Ecken häkeln und daraus einen Zopf flechten. Dann die Enden verknoten.

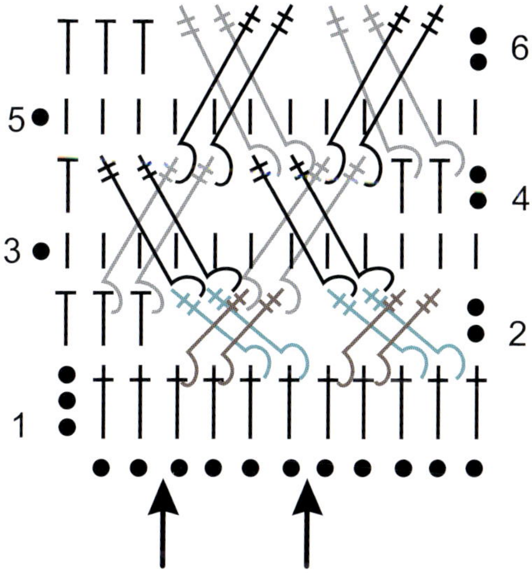

Zeichenerklärung:

• = 1 Luftmasche

| = 1 feste Masche

T = 1 halbes Stäbchen

† = 1 Stäbchen

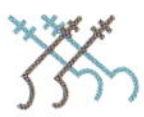 = 4 tiefergestochene gekreuzte Relief-Doppel-Stäbchen (von vorne nach rechts) (= 2 Maschen überspringen, 2 vorne liegende Relief-Doppel-Stäbchen, dann hinter den beiden gehäkelten Relief-Doppel-Stäbchen 2 vorne liegende Relief-Doppel-Stäbchen arbeiten)

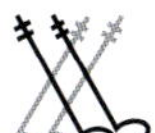 = 4 tiefergestochene gekreuzte Relief-Doppel-Stäbchen (von vorne nach links) (= 2 Maschen überspringen, 2 vorne liegende Relief-Doppel-Stäbchen um die 2 Reihen tiefer liegenden Relief-Doppel-Stäbchen bzw. am Reihenende um die halben Stäbchen, dann vor den beiden gehäkelten Relief-Doppel-Stäbchen in die 2 Reihen tieferliegenden 2 übersprungenen Maschen je 1 vorne liegendes Relief-Doppel-Stäbchen arbeiten)

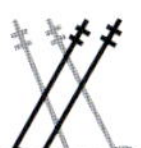 = 4 tiefergestochene gekreuzte Relief-Doppel-Stäbchen (von vorne nach rechts) (= 2 Maschen überspringen, 2 vorne liegende Relief-Doppel-Stäbchen um die 2 Reihen tiefer liegenden Relief-Doppel-Stäbchen, dann hinter den beiden gehäkelten Relief-Doppel-Stäbchen in die 2 Reihen tieferliegenden 2 übersprungenen Maschen je 1 vorne liegendes Relief-Doppel-Stäbchen arbeiten bzw. am Reihenanfang um die halben Stäbchen)

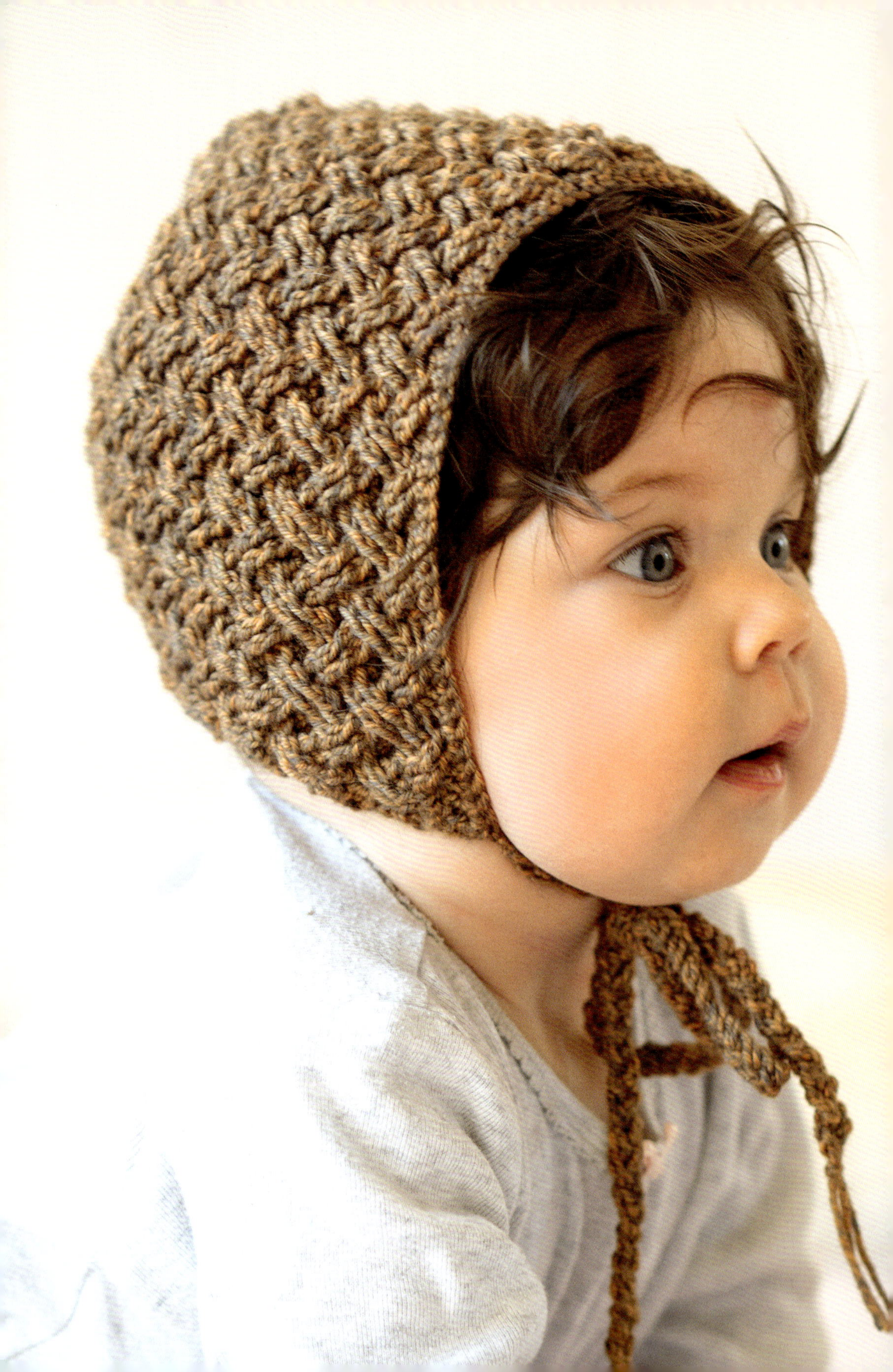

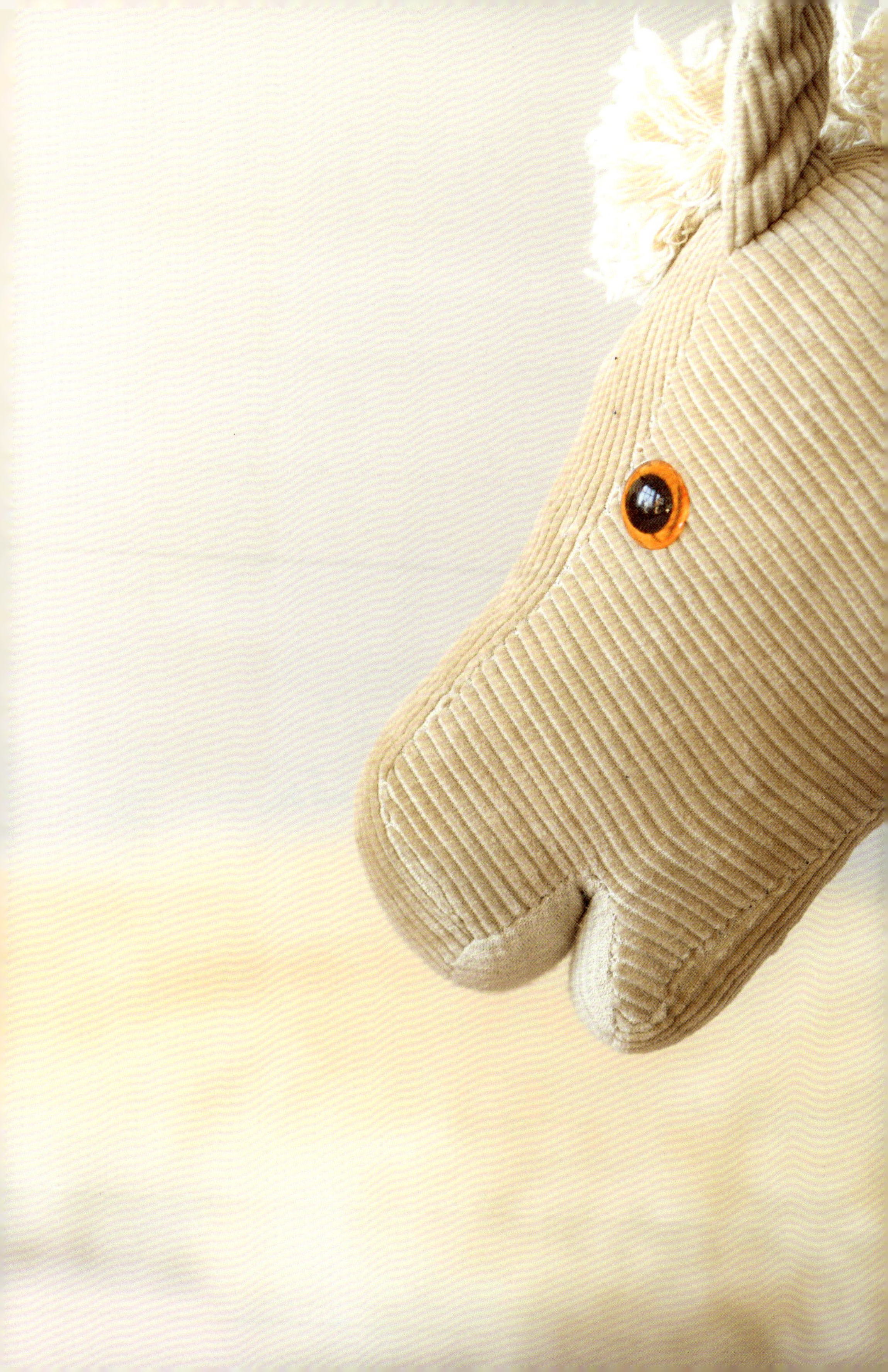

Grundkurs Häkeln

Luftmaschenanschlag

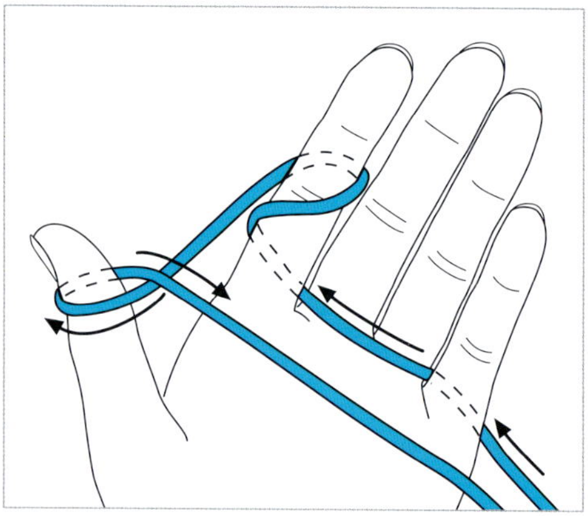

Den Faden wie im Bild gezeigt um die linke Hand legen.

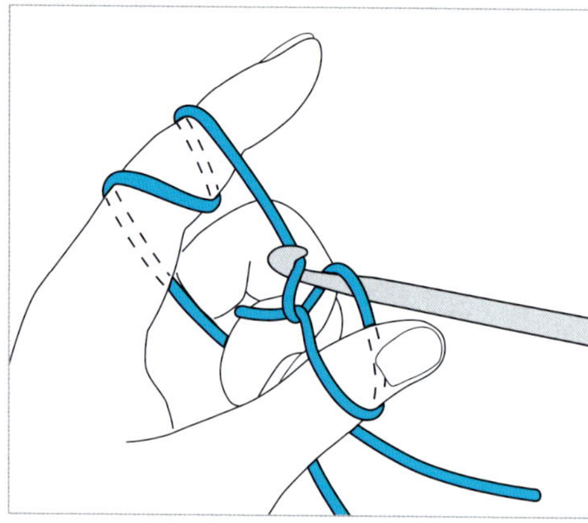

Die Häkelnadel von unten in die Daumenschlinge schieben. Den Faden, der vom Zeigefinger kommt, mit der Häkelnadel fassen und durch die Daumenschlinge ziehen. Den Daumen aus der Schlinge nehmen.

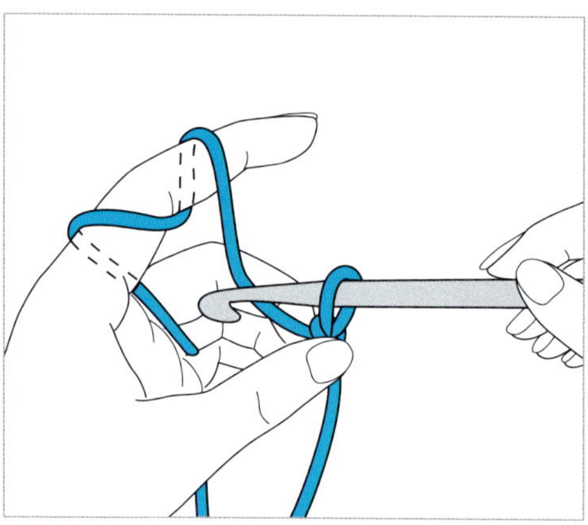

Nun ist der Anschlagsknoten fertig und eine Schlinge liegt auf der Nadel. Die Schlinge so anziehen, dass sie locker auf der Nadel liegt, aber nicht herunterrutscht. Den Anschlagsknoten mit Daumen und Mittelfinger halten. und den Faden, der vom Zeigefinger kommt, von hinten nach vorn über die Nadel legen.

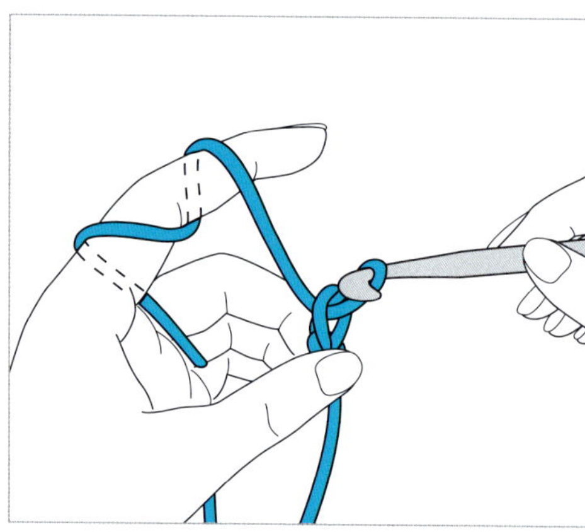

Den Faden, der vom Zeigefinger kommt, von hinten nach vorn über die Nadel legen. Diesen Umschlag durch die Anfangsschlinge ziehen. Diese beiden Schritte stets wiederholen, bis die gewünschte Luftmaschenanzahl erreicht ist. Dabei jeweils die letzte Luftmasche mit Daumen und Mittelfinger halten.

Kettmaschen

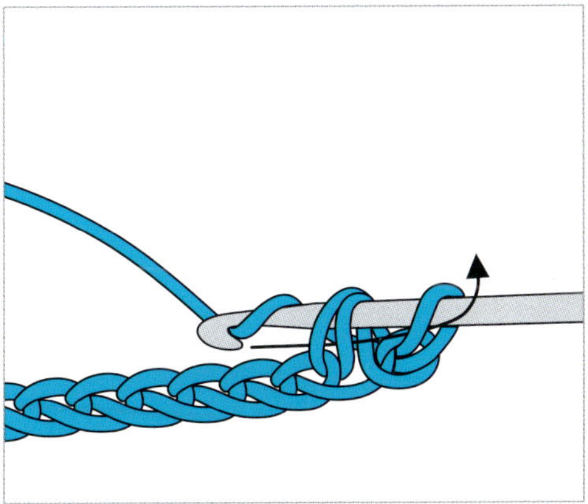

In die 2. Masche von der Nadel aus einstechen, den Faden um die Nadel legen und diesen Umschlag durch alle Schlingen ziehen.

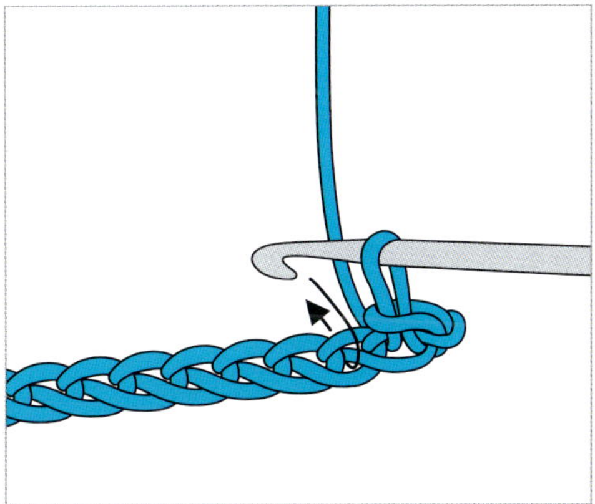

Diesen Ablauf wiederholen, wenn mehr als eine Masche übergangen werden soll oder wenn die Kettmaschen zum Kanten umhäkeln eingesetzt werden sollen.

Feste Maschen

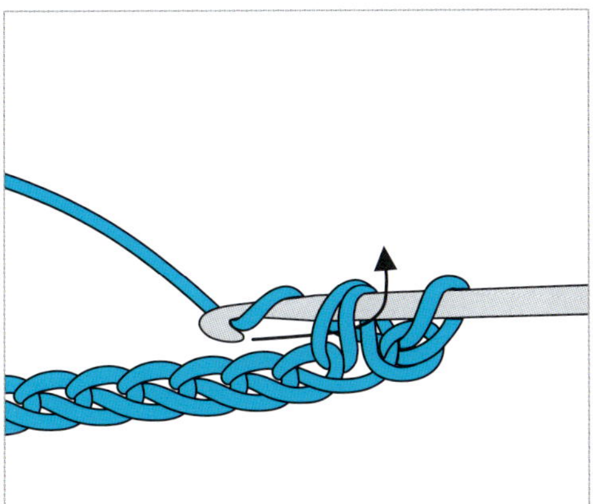

In die 2. Luftmasche von der Nadel aus einstechen, den Faden von hinten nach vorn um die Nadel legen.

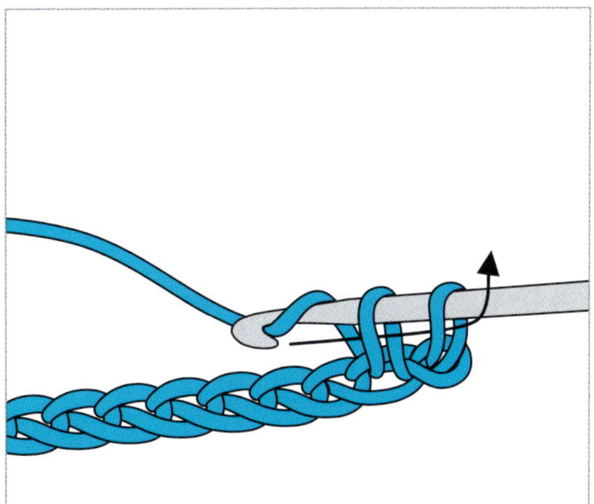

Diesen Umschlag durchziehen, nun liegen 2 Schlingen auf der Nadel. Den Faden erneut um die Nadel legen und durch beide Schlingen ziehen.

Halbes Stäbchen

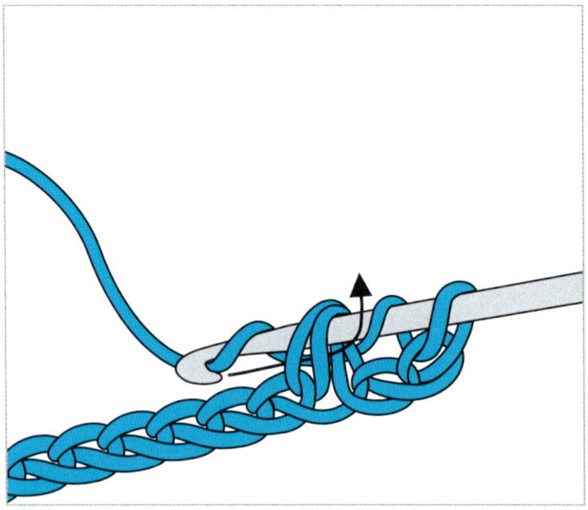

Einen Umschlag um die Nadel legen, einstechen, den Faden holen und durchziehen. Es liegen nun 3 Schlingen auf der Nadel.

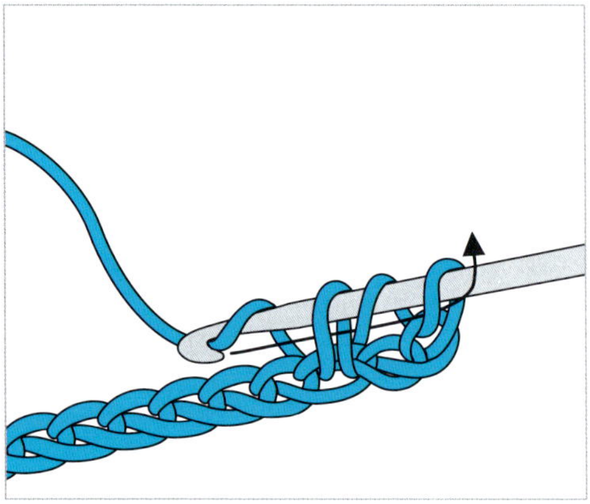

Den Faden abermals holen und durch alle 3 Schlingen ziehen.

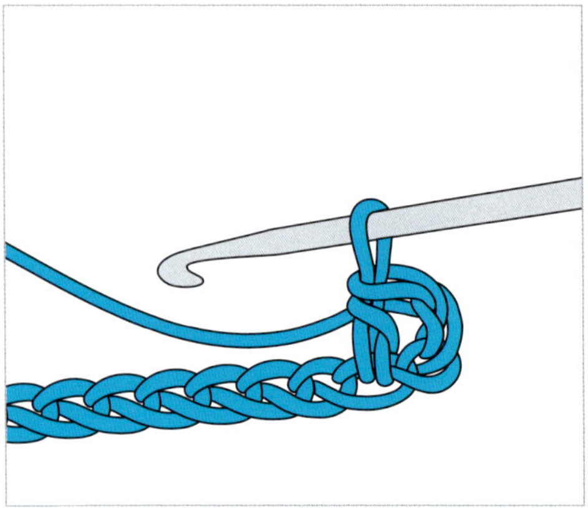

Das erste halbe Stäbchen liegt auf der Nadel.

Stäbchen

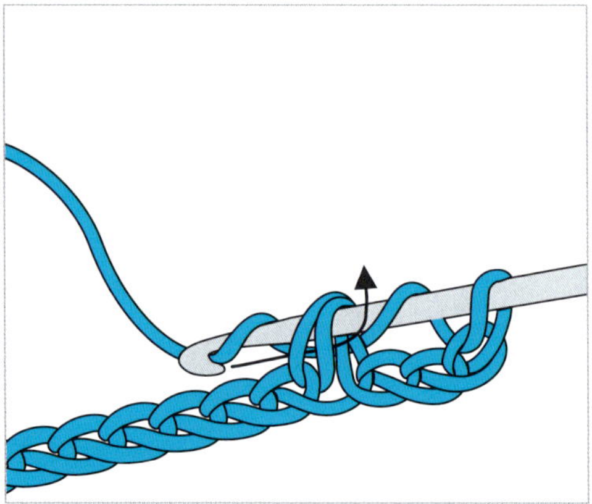

Einen Umschlag um die Nadel nehmen und in die 4. Masche von der Nadel aus einstechen. Den Faden nochmals um die Nadel legen.

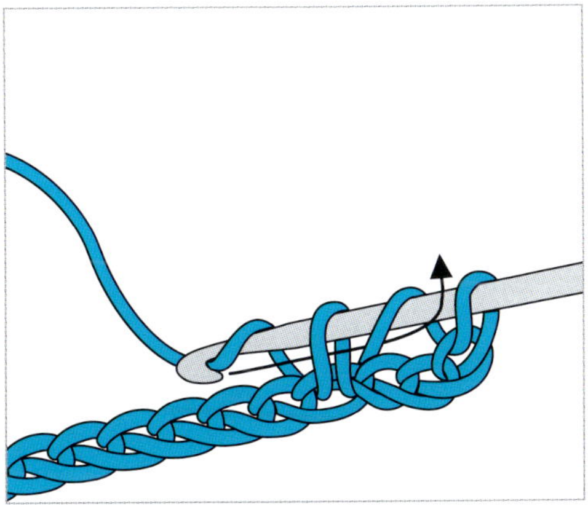

Diesen Umschlag durch die Masche der Vorreihe ziehen. Es liegen nun 3 Schlingen auf der Nadel. Den Faden wieder um die Nadel legen.

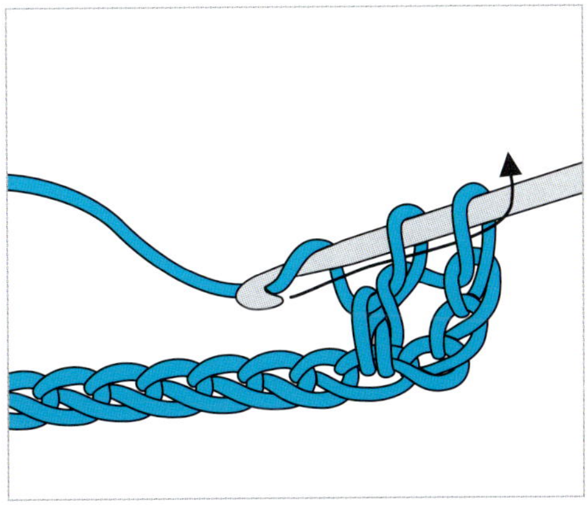

Diesen Umschlag durch 2 der 3 Schlingen ziehen. Es liegen nun 2 Schlingen auf der Nadel. Den Faden wieder um die Nadel legen.

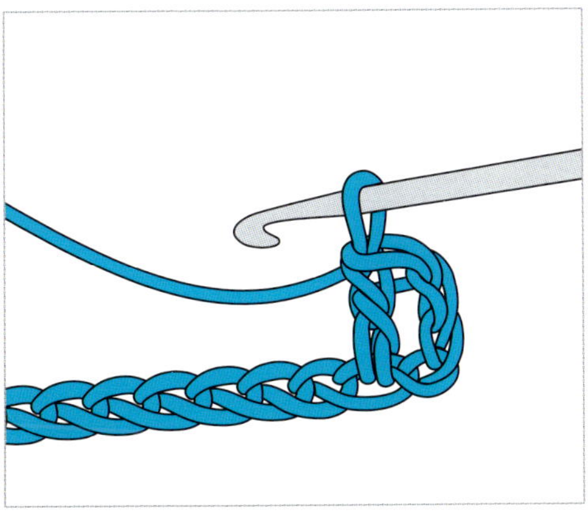

Diesen Umschlag durch beide Schlingen ziehen. Das Stäbchen ist fertig. Die 3 Wendeluftmaschen vor diesem Stäbchen bilden das 1. Stäbchen. Nun für das folgende Stäbchen 1 Umschlag auf die Nadel legen.

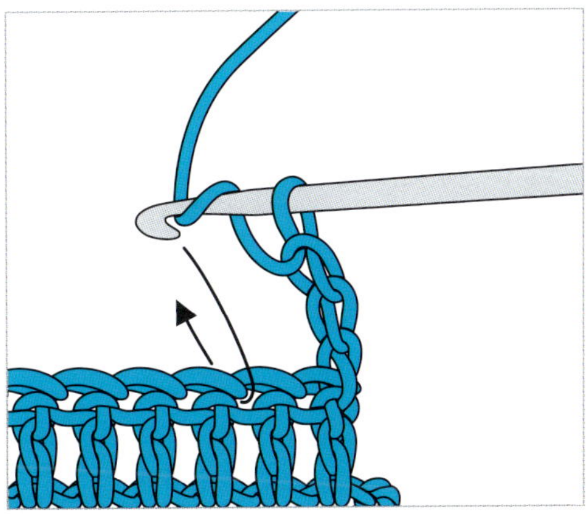

Am Ende der Reihe angekommen, 3 Wendeluftmaschen arbeiten und die Arbeit wenden. Diese 3 Wendeluftmaschen ersetzen das 1. Stäbchen einer Reihe. Das letzte Stäbchen jeder Reihe in die oberste Wendeluftmasche der Vorreihe häkeln.

Reliefstäbchen hinten

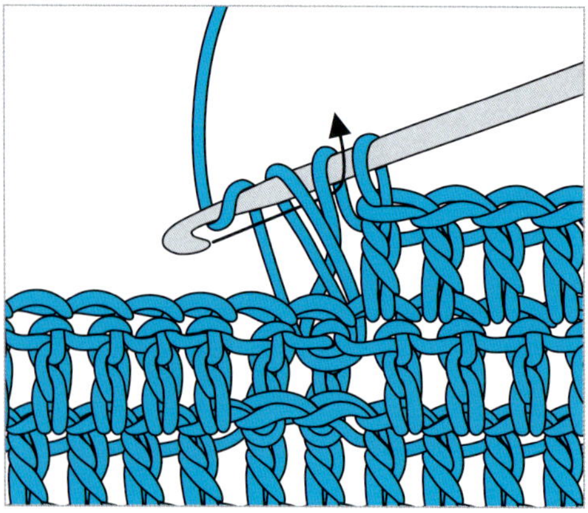

Einen Umschlag bilden, von hinten nach vorn greifend um das Stäbchen der Vorreihe stechen. Den Faden um die Nadel legen und diesen Umschlag durchziehen.

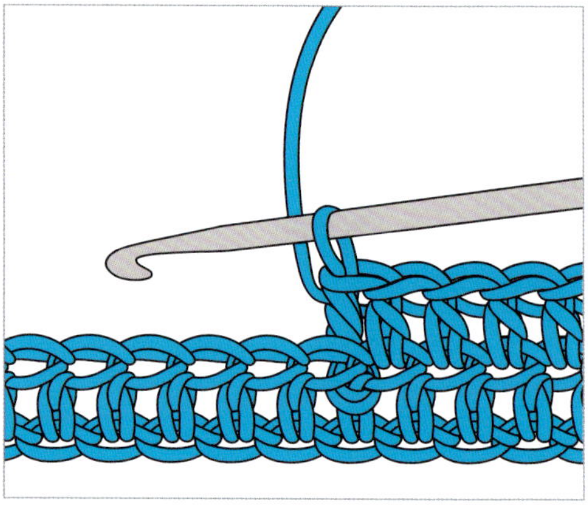

Dann wie bei einem normalen Stäbchen je 2x den Faden um die Nadel legen und den Umschlag jeweils durch 2 auf der Nadel liegende Schlingen ziehen, d.h. diese abmaschen.

Reliefstäbchen vorne

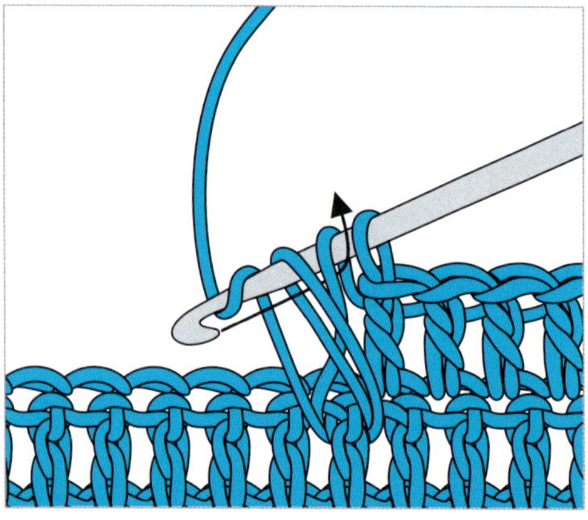

Einen Umschlag bilden, von vorn nach hinten greifend um das Stäbchen der Vorreihe stechen. Den Faden um die Nadel legen und diesen Umschlag durchziehen.

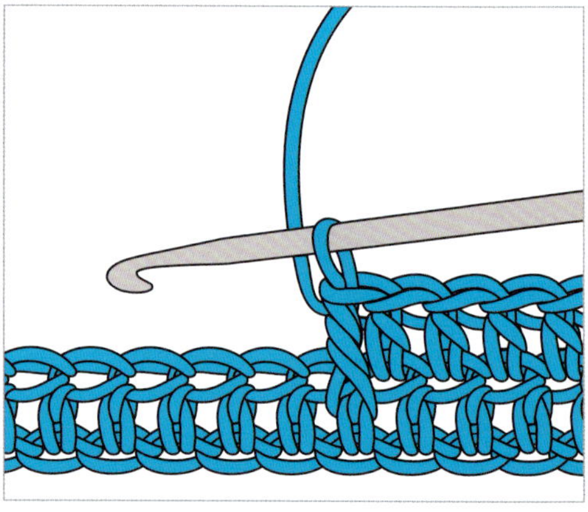

Dann wie bei einem normalen Stäbchen je 2x den Faden um die Nadel legen und den Umschlag jeweils durch 2 auf der Nadel liegende Schlingen ziehen, d.h. diese abmaschen.

Doppelstäbchen

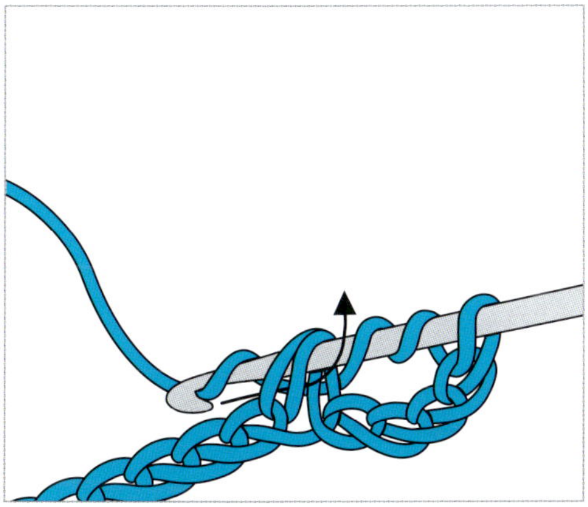

2 Umschläge um die Nadel bilden und am Anfang in die 5. Masche von der Nadel aus (später in die folgende) einstechen. Den Faden um die Nadel legen. Diesen Umschlag durchziehen.

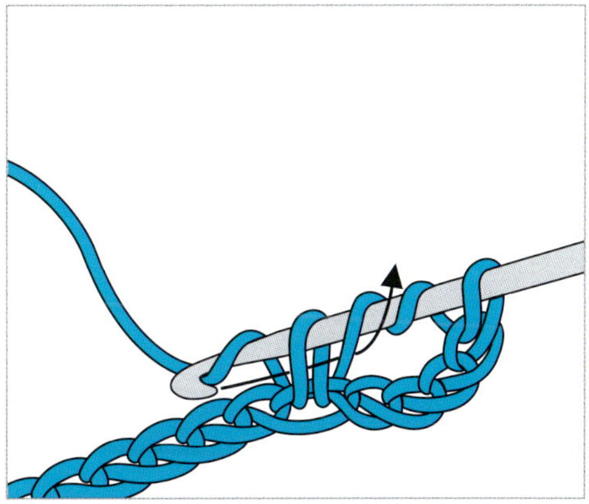

Es liegen nun 4 Schlingen auf der Nadel. Den Faden wieder um die Nadel legen. Diesen Umschlag durch 2 der 4 Schlingen ziehen.

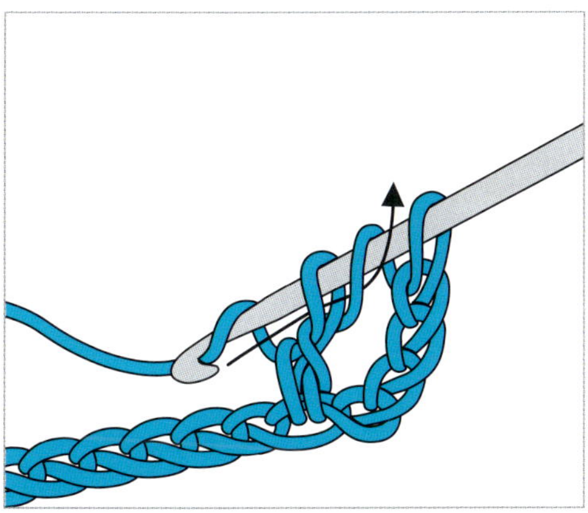

Es liegen nun 3 Schlingen auf der Nadel. Den Faden wieder um die Nadel legen. Diesen Umschlag durch 2 der 3 Schlingen auf der Nadel ziehen.

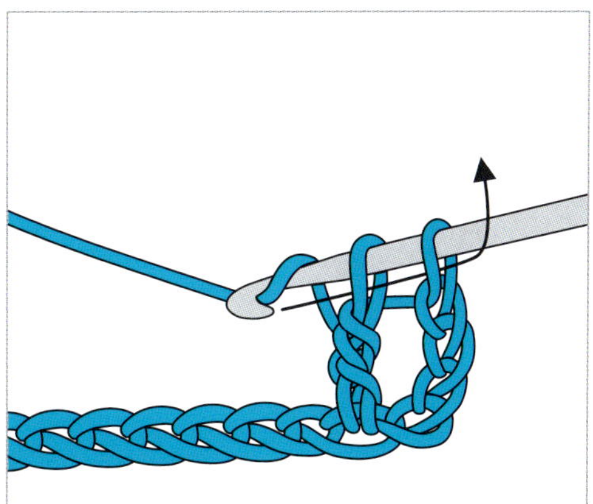

Den Faden noch einmal um die Nadel legen. Diesen Umschlag durch die letzten beiden Schlingen auf der Nadel ziehen.

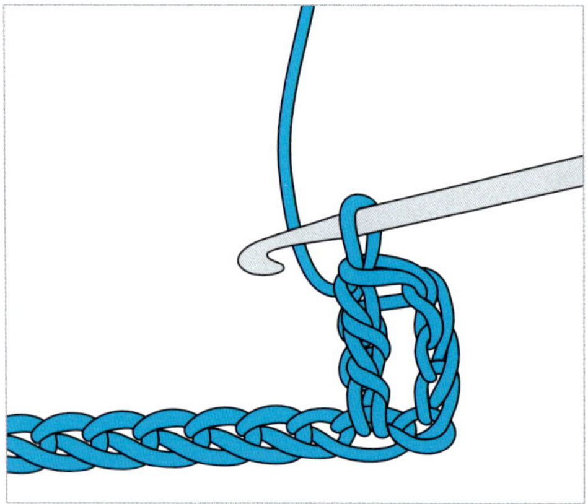

Das Doppelstäbchen ist fertig. Die Schritte 1 bis 4 stets wiederholen. Jede Runde beginnt mit 4 oder der gezeichneten Anzahl von Wendeluftmaschen als Ersatz für das 1. Doppelstäbchen. Das letzte Doppelstäbchen einer Reihe wird stets auf die oberste Wendeluftmasche der Vorreihe gehäkelt.

Arbeitsbeginn mit Fadenring

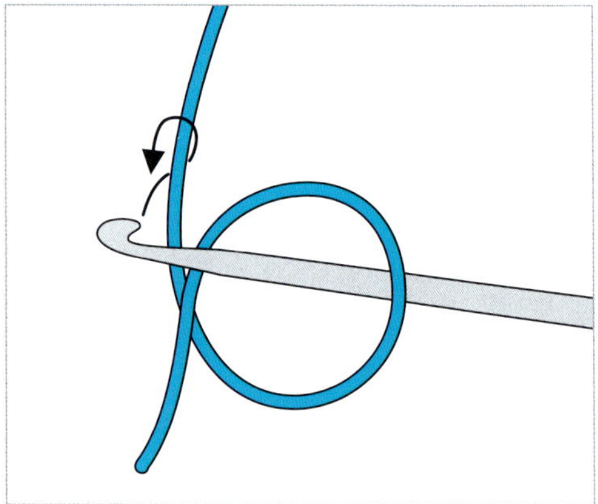

Faden zur Schlinge legen, die Nadel einstechen, den Faden um die Nadel legen und diesen Umschlag durchziehen, aber nicht festziehen, sondern locker geschlungen lassen.

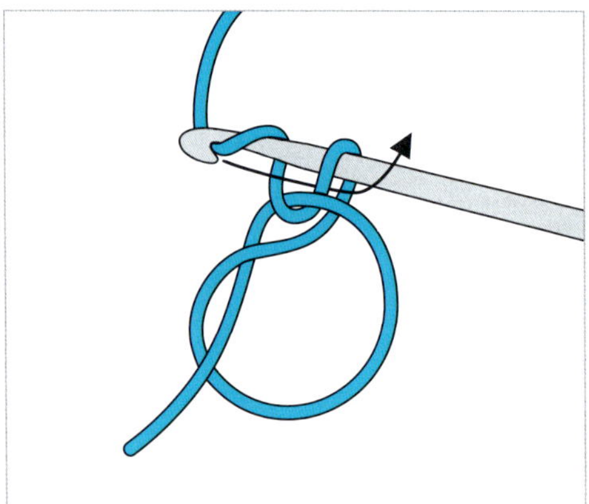

Faden wie üblich halten und den Kreuzungspunkt der Fadenschlinge mit Mittelfinger und Daumen festhalten, 1 Umschlag bilden und durch die Schlinge auf der Nadel ziehen.

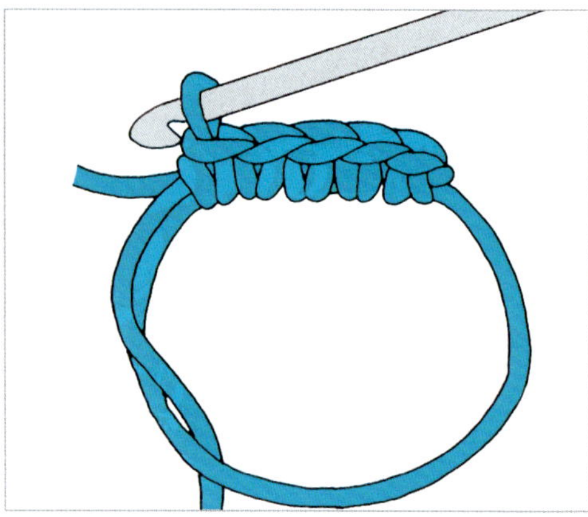

Jetzt die erste Runde in den Ring arbeiten und durch Ziehen am Faden die Fadenschlinge zuziehen.

Runde

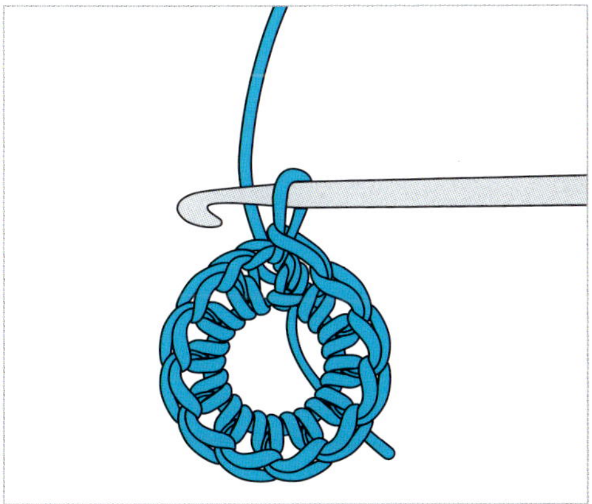

Die Runde beginnt mit einer Luftmasche und endet mit einer Kettmasche in die oberste Luftmasche der Vorreihe.

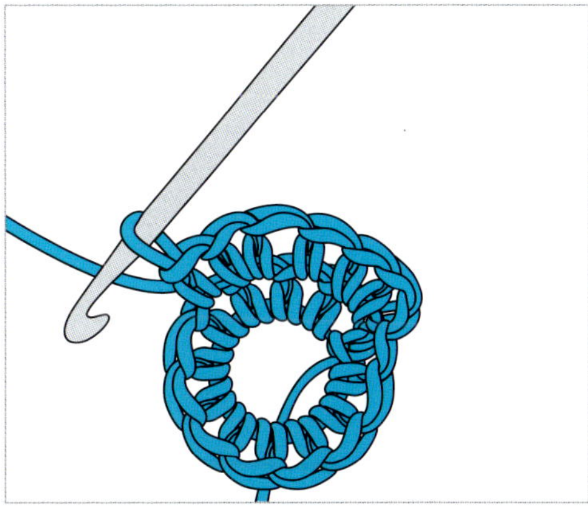

Mit jeder weiteren Runde wird der Kreis größer. Werden keine Zunahmen gemacht, entsteht ein Schlauch. Je mehr Zunahmen gearbeitet werden, desto flacher liegt der Kreis, je weniger Zunahmen desto stärker die Wölbung des Häkelstücks.

Pompon

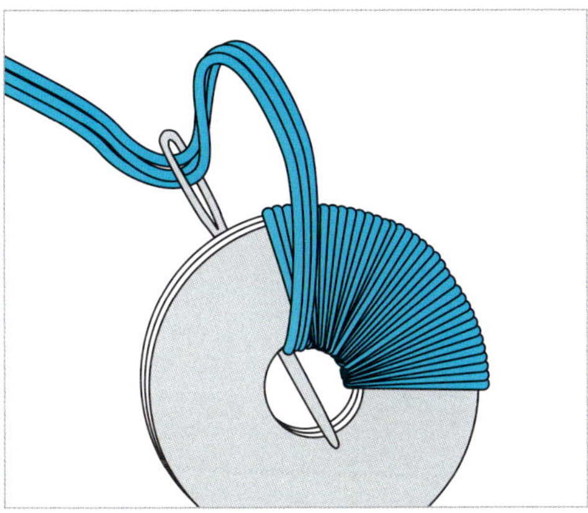

Aus fester Pappe 2 Kreise mit einem mittigen Loch jeweils mit dem in der Anleitung vorgegebenen Durchmesser anfertigen. Diese beiden Pappkreise aufeinanderlegen. Garn mit einer Wollnadel durch die Mitte führen und so den Ring umwickeln.

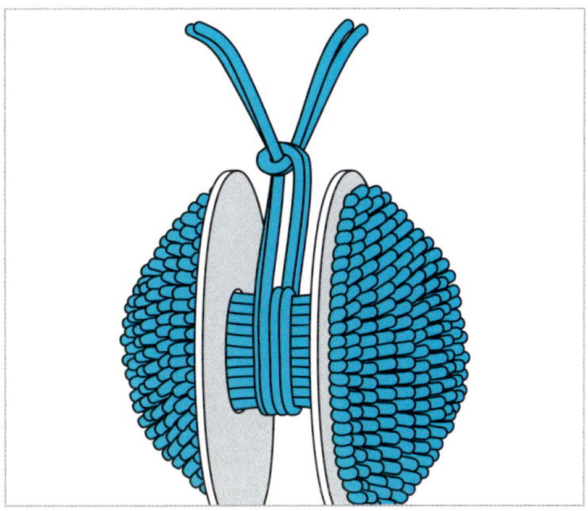

Mit einer Schere die Umwicklung vorsichtig am Rand zwischen den beiden Pappkreisen aufschneiden und die beiden Pappringe nicht mehr als einen Zentimeter auseinanderziehen. Mit einem doppelten Faden zwischen den Pappringen den Pompon fest abbinden und die Fäden gut verknoten. Mit diesen Fäden kann der Pompon später befestigt werden.

Impressum

Autorin: Babette Ulmer
Fotos & Styling: Anne Schulz
Technische Zeichnungen: Babette Ulmer
Produktmanagement: Xenia Kuczera
Lektorat: Stephanie van der Linden
Korrektorat: Christiane Gsänger
Umschlaggestaltung: Louise Lemke
Layout und Satz: Sabine Vonderstein
Repro: LUDWIG:media
Herstellung: Kathleen Baumann
Printed by C&C Offset Printing

★★★★★

Sind Sie mit diesem Titel zufrieden? Dann würden wir uns über Ihre Weiterempfehlung freuen. Erzählen Sie es im Freundeskreis, berichten Sie Ihrem Buchhändler oder bewerten Sie beim Onlinekauf. Und wenn Sie Kritik, Korrekturen oder Aktualisierungen haben, freuen wir uns über Ihre Nachricht an Christophorus Verlag, Postfach 40 02 09, D-80702 München oder per E-Mail an lektorat@verlagshaus.de.

Unser komplettes Programm finden Sie unter

www.christophorus-verlag.de

 In diesem Buch wird aus Gründen der besseren Lesbarkeit das generische Maskulinum verwendet. Weibliche und anderweitige Geschlechteridentitäten werden dabei ausdrücklich mitgemeint, soweit es für die Aussage erforderlich ist.

Herstellerverzeichnis
- Buttinette, www.buttinette.de
- Junghans Wollversand, www.jungshanswoll.de
- Lang Yarns, www.langyarns.com
- ONline-Klaus-Koch, www.online-garne.de
- Schoeller, www.schoeller-wolle.de
- Schulana GmbH & Co., www.schulana.de

Die abgebildeten Modelle wurden angefertigt von Birgit Schwer, Maria Böhly, Annette Krupka, Constance Wisotzky und Babette Ulmer.

Die Deutsche Nationalbibliothek verzeichnet diese Publikation in der Deutschen Nationalbibliografie; detaillierte bibliografische Daten sind im Internet über http://www.dnb.de abrufbar.

Infanteriestraße 11a
D-80797 München

ISBN 978-3-8410-6691-6

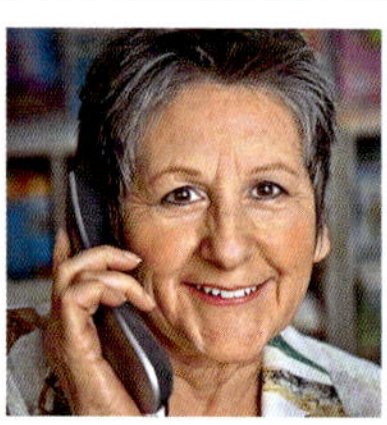

Kreativ-Service

Sie haben Fragen zu den Büchern und Materialien? Frau Erika Noll ist für Sie da und berät Sie rund um alle Kreativthemen. Rufen Sie an! Wir interessieren uns auch für Ihre eigenen Ideen und Anregungen. Sie erreichen Frau Noll per E-Mail: **kreativ-service@c-verlag.de** oder Tel.: **+ 49 (0)89 - 13 06 99 - 577.**

Besuchen Sie uns im Internet: **www.christophorus-verlag.de** & **www.selbstgemacht.de**